中国经济报告

东盟与中日韩宏观经济研究办公室（AMRO） 著

中国财经出版传媒集团
经济科学出版社
Economic Science Press

图字：01-2018-2692

图书在版编目（CIP）数据

中国经济报告 / 东盟与中日韩宏观经济研究办公室著. —北京：经济科学出版社，2018.5
书名原文：AMRO China's Economic Report
ISBN 978-7-5141-9263-6

Ⅰ. ①中… Ⅱ. ①东… Ⅲ. ①中国经济-研究报告 Ⅳ. ①F12

中国版本图书馆CIP数据核字（2018）第089597号

ⓒASEAN+3 Macroeconomic Research Office, 2018

责任编辑：孙怡虹　杨　洋
责任校对：杨　海
责任印制：王世伟

中国经济报告

东盟与中日韩宏观经济研究办公室（AMRO）　著
经济科学出版社出版、发行　新华书店经销
社址：北京市海淀区阜成路甲28号　邮编：100142
总编部电话：010-88191217　发行部电话：010-88191522
网址：www.esp.com.cn
电子邮件：esp@esp.com.cn
天猫网店：经济科学出版社旗舰店
网址：http://jjkxcbs.tmall.com
北京中科印刷有限公司印装
880×1230　16开　7.75印张　205000字
2018年5月第1版　2018年5月第1次印刷
ISBN 978-7-5141-9263-6　定价：66.00元
（图书出现印装问题，本社负责调换。电话：010-88191510）
（版权所有　侵权必究　举报电话：010-88191586
电子邮箱：dbts@esp.com.cn）

CONTENTS 目 录

报告一　中国经济磋商报告 / 1

摘　要 / 3

1. 近期经济形势及展望 / 6
  1.1　实体经济和增长前景 / 6
  1.2　对外部门 / 8
  1.3　财政政策 / 11
  1.4　价格走势 / 12
  1.5　货币政策与金融监管 / 12
  1.6　金融和房地产市场 / 14

2. 风险、脆弱性和挑战 / 17
  2.1　高企的债务 / 18
  2.2　金融杠杆 / 19
  2.3　与PPP项目相关的潜在风险 / 20
  2.4　地方政府融资平台 / 20

3. 政策讨论 / 22
  3.1　财政政策和地方政府债务 / 23
  3.2　货币政策与金融监管 / 24
  3.3　结构改革和控制企业债务 / 25

专题A：中国汇率制度改革进程 / 27

专题B：中国与东盟日益深化的经济联系及其潜在溢出效应 / 31

附录A：主要经济指标图 / 38

附录B：主要经济数据表 / 43

附录C：对监测数据充足性的初步评估 / 44

报告二　中国企业债务：宏观与行业风险评估 / 45

缩略语 / 47

摘　要 / 49

1. 引言 / 52

2. 总论 / 54
   2.1　国际比较 / 54
   2.2　中国债务总额和企业债务的近期发展 / 56
   2.3　驱动企业债务增长的因素 / 58

3. 行业风险评估：债务集中度和债务风险 / 61
   3.1　企业债务的行业集中度 / 61
   3.2　企业债务风险评估 / 62

4. 企业债务对金融部门带来的风险 / 74

5. 债务增长趋势模拟 / 77
   5.1　国有企业与私营企业的不同特质 / 77
   5.2　模型概述 / 78
   5.3　基准情景 / 79
   5.4　结构性改革不同进度的情景 / 81

6. 结论和政策建议 / 85
   6.1　结论 / 85
   6.2　政策建议 / 86

专题A：海外外币债券融资及其风险 / 90

专题B：中国政府及有关机构对中国企业债务发展现状及应对
政策的看法 / 92

专题C：遏制企业债务的措施 / 94

附录A：关于中国企业债务和相关问题的文献汇总 / 95

附录B：对中国整体非金融企业债务结构及总量的估算 / 99

附录C：行业分类 / 101

附录D：各行业债务估算 / 103

附录E：企业层面的数据处理 / 108

附录F：债务模拟模型和数据 / 110

附录G：债务模拟的补充说明 / 112

参考文献 / 116

报告一

中国经济磋商报告

说明：

1. 中国经济磋商报告（以下简称"本报告"）由东盟与中日韩宏观经济研究办公室(AMRO)编写。依照AMRO协议第3（a）和（b）条，AMRO的职能是监测、评估及向成员政府报告其宏观经济形势及金融稳健状况，识别有关风险及脆弱性，并根据成员要求及时制定政策建议以应对有关风险。

2. 本报告是基于AMRO于2017年8月21日至9月1日在北京、成都和重庆举行的年度中国磋商访问（AMRO协议第5（b）条）及有关数据信息起草。磋商团包括AMRO资深经济学家/组长Chaipat Poonpatpibul博士、高级经济学家李文龙博士（负责中国经济分析）、经济学家刘心一博士（中国经济后备经济学家）、经济专家加藤洋一先生（中国经济后备经济学家）、高级经济学家陈嘉杰先生和研究员唐新科先生。AMRO主任常军红博士和首席经济学家许和意博士也参与了与中国政府的重要会议。本报告由Chaipat Poonpatpibul博士、李文龙博士、刘心一博士、加藤洋一先生、陈嘉杰先生和唐新科先生撰写，经济学家黄贤国博士对报告进行了审阅，许和意博士最后批准了本报告。

3. 本报告使用的分析数据截至2018年1月26日。

4. 磋商团代表AMRO感谢中国政府对本报告的评论以及在访问期间出色的会议安排。

免责声明： 本报告的发现、解释和结论代表了东盟与中日韩宏观经济研究办公室（AMRO）的观点，并不一定代表其成员政府的观点。AMRO及其成员均不对使用报告信息的后果承担责任。中文版报告根据英文版报告翻译。如有不一致之处，以英文版报告为准。

摘 要

AMRO在2016年度磋商报告中指出，随着持续的结构调整进程，中国经济增长呈现放缓趋势。虽然整体外部环境自2016年初以来有所改善，但因为资本流出仍可能再次发生，仍需要密切监测外部形势的发展。影子银行活动发展很快，可能成为金融业脆弱性的来源，特别是对于中小银行而言。需要密切关注房地产行业的风险，应进一步加强对一线城市的宏观审慎措施。虽然货币政策仍保持相对宽松以支持经济增长，但由于房地产行业和监管较薄弱的金融产品等相关的脆弱性正在增加，因此货币政策应重视维护金融稳定。鉴于政府债务与GDP的比率相对较低，财政政策有可能在促进调整结构方面发挥更为积极的作用。中国继续面临的挑战是持续的工业产能过剩、国有企业改革缓慢和企业债务高企问题，且它们高度相关，这可能对经济的可持续性增长构成越来越大的风险。因此，需进一步加强政策措施和协调，以解决产能过剩和债务上升。

2017年，在消费、出口和服务较快扩张的带动下，中国经济增长势头强劲，超出市场预期。 2017年，中国GDP增长6.9%，超过了官方目标和大部分市场预测。在需求方面，增长主要受消费和投资拉动。同时，净出口贡献也在增加。从供给侧方面看，增长驱动因素包括由于价格上涨和利润改善而带来的工业生产扩张以及服务业的增长。AMRO预测，2018年中国GDP将增长6.6%左右。主要推动力来自稳定增长的私人消费和服务业以及蓬勃发展的互联网经济。另一方面，下行风险包括相对放缓的私人投资及出口等。

与2016年相比，2017年中国经济的整体外部条件有所改善，经常账户与资本和金融账户均为顺差。 由于宏观经济表现强劲、美联储加息步伐放缓，以及通过宏观审慎政策对跨境资本流动进行逆周期管理，资本和金融账户在2017年出现盈余。另一方面，经常账户保持盈余但有所减少，主要是由于货物顺差收窄，部分原因是进口增速高于出口。由于资本外流压力缓解，外汇储备自2017年2月以来连续小幅上涨。人民币贬值情绪消退，汇率弹性增加。

扩张性财政政策侧重于支持结构调整，其对促进潜在增长和加强社会安全网有关的项目支出增加。随着企业和个人收入的增加，近期财税收入强劲增长。在对地方政府债务持续的管理措施作用下，地方政府债务与GDP比率出现下降，地方政府减少了对银行贷款和影子银行借贷的依赖。政府和社会资本合作（PPP）项目的投资速度较快，主要集中在交通和市政建设方面。

维护宏观金融稳定是货币政策的重点。AMRO认为，目前中国货币政策总体上保持中性，一方面货币状况有所收紧以维护宏观金融稳定，另一方面政府也采取措施引导信贷支持实体经济中的特定部门。CPI通货膨胀一直保持在低位，而PPI通货膨胀在2017年初大幅上涨之后有所回落。由于金融领域的监管力度显著增强，金融部门的杠杆率开始下降，但仍需采取进一步措施降低风险。同时，社会融资规模（TSF）继续稳步增长，但广义货币（M2）增长进一步放缓。在住房限购以及加大改善租赁体系的政策作用下，大城市房地产市场已经降温。

国内经济增长和宏观经济稳定面临的短期风险已经减弱。2017年的经济增长下行风险有所减弱：经济增长动能加强，企业盈利能力提升，中国政府采取了措施削减过剩产能。同时，去杠杆以及遏制房地产市场投机取得成效。当前房地产交易量有所下降，企业与金融部门的高杠杆率在短期内已经见顶。然而，企业债务仍然较高，是一个潜在风险。地方政府债务、隐性担保和非法融资问题也值得关注。同时，需采取措施进一步推动国有企业改革，在市场导向方面取得成果。在对外方面，与资本外流有关的风险已经减弱，但如果经济增长下行压力加大，市场情绪可能逆转。由于美国对中国货物贸易存在大量逆差，美国对中国的贸易关系依然紧张，并可能导致对中国出口实行贸易保护主义措施。

降低宏观经济和金融风险以及推行改革是未来的两大政策重点。过去5年来，中国一直致力于经济调整。增速虽有所放缓，但经济基本上实现软着陆，且随着经济向消费和服务业转型，增长和就业比过去投资为主的驱动型增长模式更具可持续性。有鉴于此，并考虑到当前已经实施了有力度且具前瞻性的降杠杆金融监管措施，我们认为经济硬着陆（或经济增速意外大幅下滑）不是一项重大的短期风险。我们赞赏中国政府管理宏观经济的能力，大幅降低了宏观金融风险。但需要指出的是，尽管短期风险已经减少，中国经济仍然存在结构性挑战，需要在中长期内维持宏观金融稳定和实现可持续增长。为此，特别是应在以下领域继续加强政策措施。财政政策应侧重于支持结构调整并提高支出效率；需要采取更为严格的措施和从更深层次来控制地方政府债务。货币政策应继续着力维持宏观金融稳定；允许进一步提高汇率灵活性，资本管制放松可与外部稳定维护协调进行。宏观审慎政策和金融监管应继续重点遏制过度杠杆和降低金融风险。为了控制企业过高的债务，需要采取综合措施来管理脆弱行业并降低财务风险。应继续努力将国有企业转变为更加独立的市场主体。最后，提高政策协调措施对于各领域取得结构调整的预期结果至关重要。

1. 近期经济形势及展望

1.1 实体经济和增长前景

2017年，在消费、出口和服务业扩张的带动下，中国经济增长强于预期。2017年GDP增长6.9%，高于2016年0.2个百分点，也超过了2017年的官方目标（6.5%左右，在实际工作中或有更好结果，如图1.1所示）。从需求侧看，消费对增长贡献度在增加而投资的贡献度则有所下降。不过，在政府和社会资本合作（PPP）扩张的支撑下，基础设施投资增加，对经济增长的贡献上升。与此同时，净出口的贡献也有所增加（如图1.2所示）。在供给侧方面，增长驱动因素包括由于价格上涨和利润改善推动的工业扩张以及服务业增长，特别是运输、批发和零售以及信息技术（IT）等行业。

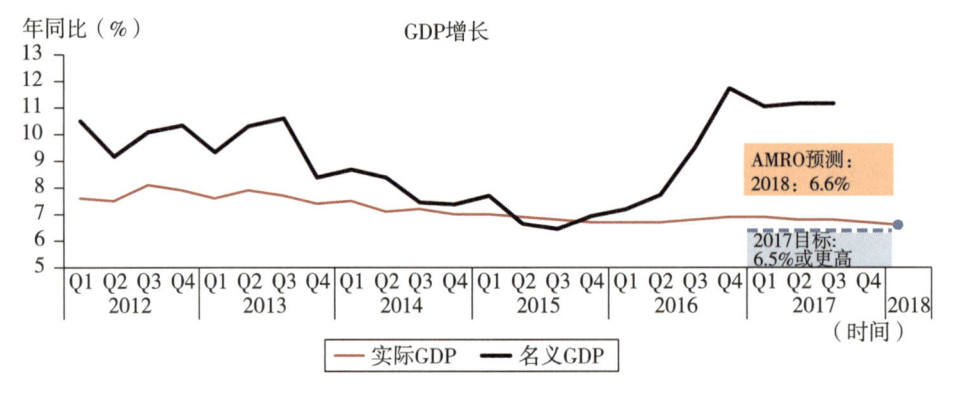

图1.1 2017年GDP增长较2016年加快

资料来源：国家统计局、AMRO。

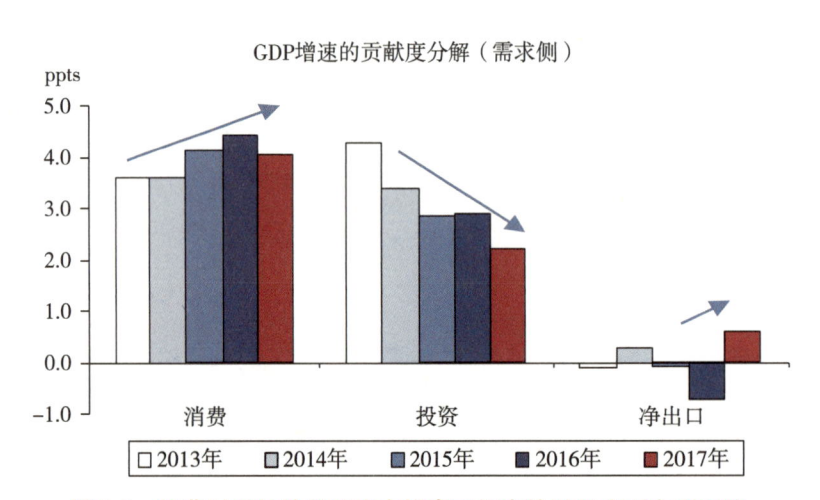

图1.2 消费对增长的贡献度在提高而投资的贡献度则有所下降

资料来源：国家统计局。

中国政府最近制定了中国经济发展的长期计划。中国共产党第十九次全国代表大会强调，增强消费对经济发展的基础性作用并追求高质量的增长。同时，这次大会还制定了2020年至21世纪中叶的发展规划，旨在将中国进一步发展成为"社会主义现代化强国"（如表1.1所示）。

表1.1　中国共产党第十九次全国代表大会要点

发展规划	（2020～2035年）：基本实现社会主义现代化 （2035年～21世纪中期）：建成社会主义现代化强国
经济转型	消费对经济发展的基础性作用 从高速增长向高质量发展过渡
市场开放	深化利率和汇率市场化改革 大幅度放宽市场准入，保护外商投资合法权益
财政政策	建立权责清晰、财力协调、区域均衡的中央和地方财政关系 加快建立现代财政制度
金融监管	健全货币政策和宏观审慎政策双支柱调控框架
国有企业改革	发展混合所有制经济 培育具有全球竞争力的世界一流企业
国际合作	积极促进"一带一路"国际合作 积极参与全球治理体系改革和建设

资料来源：AMRO整理。

预计中国经济增长将在2018年略有放缓。根据AMRO的分析，中国目前的实际产出略高于潜在产出（如图1.3所示），经济运行正处于经济周期中部。2018年的实际增长率可能将在6.6%左右。私人消费、服务业以及互联网经济是主要的增长动力。经济出现硬着陆的概率低。下行风险包括放缓的私人投资（如图1.4所示）和净出口，后者与中美贸易紧张关系有关。

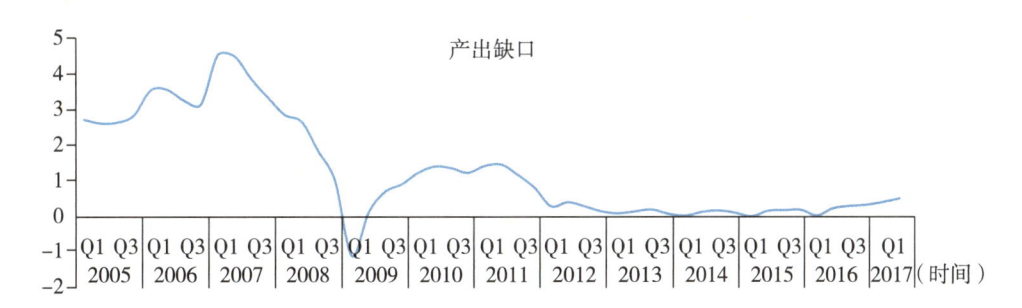

图1.3　产出缺口转为正值

注：AMRO此处采纳的衡量GDP周期的方法来自Mathias Drehmann,Claudio Borio及Kostas Tsatsaroniset的文章："Characterising the financial cycle:don't lose sight of the medium term!"，国际清算银行论文（第380号），2012年6月。

资料来源：国家统计局、国际清算银行、AMRO。

图1.4 消费增速超过投资增速且将持续

资料来源：国家统计局、AMRO。

政府观点

中国政府强调，中国正处于发展的重要阶段，经济正从投资拉动转向消费拉动，由高速增长转向高质量型发展。 中国政府强调了支持转型的有利因素，这些因素支撑长期稳定的增长和高质量发展。中国政府认为，在消费升级、服务业、高端制造业和城镇化方面，中国经济有很大的发展空间。此外，中国政府强调就业条件的持续改善，经济结构调整将创造更多新的就业机会。关于2018年经济，中国政府强调中国经济增速将处于合理区间。

1.2 对外部门

总体而言，外部头寸与2016年相比有所改善，经常账户与资本与金融账户均为"顺差"。 一方面由于经济表现强劲，美联储加息步伐放缓以及中国通过宏观审慎政策对跨境资本流动进行逆周期管理，2017年中国的资本和金融账户出现顺差。另一方面，经常账户盈余收窄，主要是由于进口增速高于出口增速（如图1.5所示），致使货物贸易顺差减少。这是由于在全球贸易复苏的背景下，尽管出口继续增长，但随着国内消费量的增长，进口上升较快。另外，出境旅游支出上升，服务账户赤字规模较大。

图1.5 进口增速超过出口增速

资料来源：海关总署、AMRO。

由于资本外流压力缓解，外汇储备自2017年2月以来已经小幅上涨。 从2014年7月至2017年1月，外汇储备减少了9 950亿美元，降至3.0万亿美元的低点。但自2017年2月以来，外汇储备一直在稳步小幅增加，截至2017年底增至3.14万亿美元。这反映了资本外流压力的消退，也得益于经济表现强于预期。此外，非美元货币的走强也使得以美元计价的储备资产增加（如图1.6所示）。

图1.6 外汇储备规模逐步回升

资料来源：中国人民银行、AMRO。

人民币贬值情绪消退，汇率灵活性有所增加。 2017年5月，中国政府在人民币兑美元中间价定价机制中引入了逆周期因子，为市场提供了更好的导向，并缓解了汇率的过度波动。[1] 引入这一机制后的一个变化是人民币汇率走势更接近于其他主要非美元货币（如图1.7所示），人民币兑美元双边汇率灵活性有所增加。同时，由于中国经济表现强劲，美联储加息步伐放缓以及中国资本流动管理措施有效减少了资本外流，人民币汇率在2017年6月至8月和2018年1月对美元走强，人民币指数亦略有走强。增强汇率灵活性是中国汇率制度改革的一部分（具体参见专题A：中国汇率制度改革进程）。

图1.7 人民币汇率弹性有所增强

资料来源：美联储、欧央行、日本央行、中国人民银行、AMRO。

随着中国经济的增长，其在国际贸易与投资中的影响日益突出，并通过不同渠道对东盟产生了明显的溢出效应。 经过40年的高增长，中国已成为亚洲最大的经济体。中国经济贸易活动规模的扩大（量变）对东盟有着巨大影响。不仅如此，中国不断变化的经济结构和持续的改革（质变）也通过货物贸易、服务贸易（主要是旅游）、对外投资（尤其是通过"一带一路"倡议）和金融市场对东盟产生了深远的影响。在中国从投资驱动转向消费拉动的再平衡过程中，东盟的大宗商品出口商将继续受到中国需求放缓的影响。然而，一些东盟国家也很好地适应了中国逐渐变化的需求，并开始从对中国消费品出口上升中获益。关于金融市场，通过市场情绪的渠道，中国市场的波动可能会影响东盟的大多数新兴和发达经济体（参见专题B：中国与东盟日益深化的经济联系及其潜在溢出效应）。

---

[1] 人民币对美元汇率中间价的定价模型包括三个因素：逆周期因子、收盘价及一篮子货币汇率变化。根据中国人民银行的数据，逆周期因子的计算方法是先从上一日收盘价较中间价的波幅中剔除篮子货币变动的影响，由此得到主要反映市场供求的汇率变化，再通过逆周期系数调整得到"逆周期因子"。逆周期系数由各报价行根据经济基本面变化、外汇市场顺周期程度等自行设定。

1.3 财政政策

在企业和个人收入增长的支持下，财政收入增长强劲。 2017年，中国一般公共预算收入增长7.4%，超过之前四年的增幅。税收占总一般公共预算收入的83.7%，同比增长10.7%。由于PPI指数大幅上升，企业收入和利润增加，进而带动企业所得税收入增加。同时，名义工资增长较高，与个人收入和消费有关的税收也在增加（如图1.8所示）。

扩张性的财政政策更强调对结构调整的支持。 2017年一般公共预算支出增长7.7%，其中与促进潜在增长和加强社会安全网有关的项目增速较快，包括科技、社会保障和就业、健康和教育等（如图1.9所示）。中国政府还采取措施降低包括中小企业在内的企业部门税收负担和费用。据有关部门统计，2017年，减税降费超过了1万亿元人民币（占GDP的1.2%）。2017年官方财政赤字目标为GDP的3.0%，基本上会按计划实现。

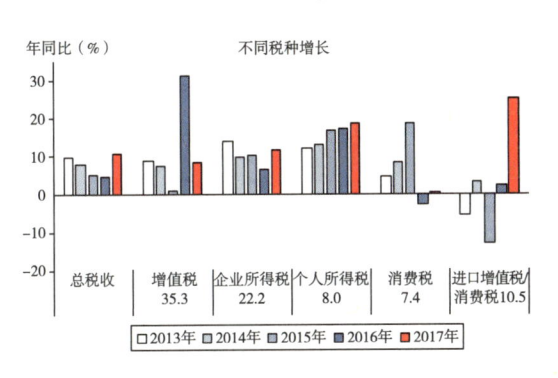

图1.8 财政收入增长相对强劲

注：各项税收下的数字为各项税收占总税收在最近两年的百分比。
资料来源：中国财政部，AMRO。

图1.9 财政政策继续保持扩张态势

注：各项支出下的数字为各支出占总支出在最近两年的百分比。
资料来源：中国财政部，AMRO。

由于持续加强对地方政府债务的管理，地方政府债务与GDP比率在2017年下降，且地方政府债务对银行贷款和影子银行的依赖有所下降。 由于加强了对地方政府债务的管理，政府债务与GDP的比率自2014年以来持续下降。根据AMRO计算，截至2017年底，地方政府债务与GDP的比率从2014年的23.9%下降到2017年的19.9%。此外，地方政府债务置换取得明显效果，债务构成变化较大：低息的债券比重增加，而高息的贷款和影子银行比重下降（如图1.10所示）。

政府和社会资本合作（PPP）项目的投资速度加快，主要集中在交通和市政建设。 中国政府积极推广PPP项目，作为减轻财政负担、提高政府效率和支持增长的重要举措。截至2017年10月，财政部PPP库共有14 059个PPP项目，预计总投资额17.7万亿元，比2016年1月增长118%，其中35%的项目进入执行期，其余分别处于识别、准备或采购阶段。按行业分，PPP项目主要集中在交通和市政建设，截至2017年9月，它们分别占总数的31%和27%。

政府债务与GDP比值

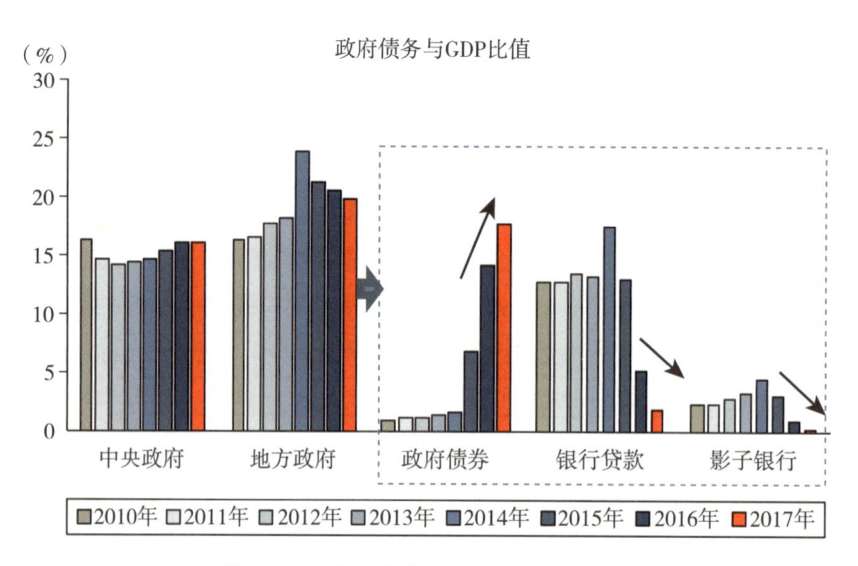

图1.10 地方政府债务构成变化明显

资料来源：国家统计局，中国财政部，中国人民银行，AMRO。

1.4 价格走势

CPI涨幅保持在低位，而PPI涨幅在2017年初大幅上涨后已有所放缓。CPI涨幅自2017年2月有所回升，但受食品价格低迷的影响，总体上仍然处于较低水平。2017年，CPI通货膨胀率平均为1.6%，而2016年为2.0%。但是，核心消费物价指数通货膨胀继续呈上升趋势，从2015年1月的1.2%上升至2017年12月的2.2%。如果食品价格上涨，产出缺口持续为正值，那么CPI涨幅将上升。PPI涨幅在2017年2月达到7.8%的最高点后，2017年12月放缓至4.9%，这主要是受矿产品价格上涨放缓等的影响。总体而言，2017年PPI通货膨胀仍然相对较高，部分原因是由于削减过剩产能以及关停污染企业导致一些产品供给紧张。另外，PPI的上涨也可能部分是由于金融投机行为导致。PPI的上涨有助于提高工业利润特别是上游行业的利润，鼓励工业部门扩大生产并为GDP增长带来更多贡献（如图1.11所示）。由于基数效应等因素，预计2018年PPI涨幅将有所放缓。

1.5 货币政策与金融监管

货币政策的重点是维护宏观金融稳定。中国人民银行表示，将继续实施"稳健中性"的货币政策，灵活地为市场提供流动性。AMRO认为，整体上看，货币政策的立场已经转向稍微收紧，更加注重维护宏观和金融稳定，但中国政府也采取措施来引导信贷流向实体经济中的特定行业。由于外汇占款下降，导致基础货币供应增长放缓，中国人民银行通过公开市场操作和借贷便利工具管理流动性。2017年初，中国人民银行上调了借贷便利工具的利率水平。2017年12月14日，考虑到美联储将利率上调了

25个基点，中国人民银行也将逆回购和中期借贷便利（MLF）利率上调了5个基点。[2]另一方面，为支持与中小企业、三农及普惠金融有关的贷款，[3]对于符合条件的银行，中国人民银行于自2018年1月起降低了其存款准备金率（RRR）。[4] 2017年12月29日，中国人民银行决定建立"临时准备金动用安排"，以满足春节前商业银行因现金大量投放而产生的临时流动性需求。

图1.11 较高的PPI增速推动工业利润的增长

资料来源：国家统计局，AMRO。

政府也大力强化了对金融部门监管。在2017年第一季度，表外理财（WMP）被纳入了宏观审慎评估（MPA）中广义信贷指标范围。同时，银监会加强了对监管套利的监管力度。11月，中国政府成立了国务院金融稳定与发展委员会，作为决策机构，审议和协调各金融部门的重大改革、监管和发展计划。2017年11月，监管机构宣布了强化对金融机构资产管理业务监管的措施。[5]在这些政策措施的影响下，金融部门的杠杆率开始下降，但风险仍有待进一步缓解。

---

[2] 根据中国人民银行声明，此次上调有利于市场主体形成合理的利率预期，避免金融机构过度加杠杆和扩张广义信贷。我们认为，此次上调表明了略微收紧的政策取向，这在美国减税可能导致部分资本回流的背景下可以缓解人民币贬值风险；另一方面，加息幅度略小于美联储加息幅度有助于在体现政策意图的同时尽量避免对市场产生负面影响。

[3] 根据联合国的定义，普惠金融旨在使个人及小微企业获得金融服务。

[4] 根据中国人民银行声明，凡前一年有关贷款余额或增量占比达到1.5%的商业银行，存款准备金率可在人民银行公布的基准档基础上下调0.5个百分点；前一年有关贷款余额或增量占比达到10%的商业银行，存款准备金率可按累进原则在第一档基础上再下调1个百分点。

[5] 此举旨在协调监管标准，实施公平的市场准入和监管，并消除监管套利。

1.6 金融和房地产市场

社会融资规模继续稳定增长，但M2增速放缓。 2017年末，社会融资规模增长12.0%。由于利率上升，企业部门债券融资增长放缓，银行贷款成为社会融资增长的主要贡献因素。[6] 相对于社会融资规模的稳定增长，自2017年初以来M2增速则一直放缓（如图1.12所示），部分原因是金融监管的加强导致表外融资趋缓，以及缴税和政府债券发行增加导致的财政储蓄上升。另外，住房抵押贷款的发放也趋于收紧。总体而言，在持续遏制企业和金融杠杆的政策作用下，同时考虑到2017年名义GDP增速较快，信贷—GDP缺口已经从2016年的高峰开始下降（如图1.13所示）。

图1.12　社会融资规模增速保持稳定但M2增长放缓

资料来源：中国人民银行，AMRO。

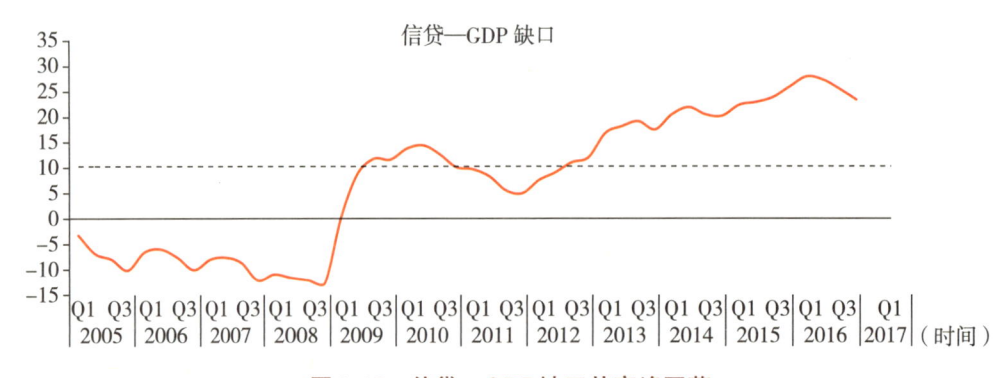

图1.13　信贷—GDP缺口从高峰回落

注：AMRO此处采纳的衡量信贷周期的方法来自Mathias Drehmannn, Claudio Borio 及Kostas Tsatsaroniset的文章："Characterising the financial cycle: don't lose sight of the medium term!"，国际清算银行论文（第380号），2012年6月。

资料来源：国家统计局，国际清算银行，AMRO。

---

[6]　贷款增加的因素包括：总体经济增长稳步扩大；更严格的金融监管减少了对非标融资的需求，导致贷款需求增加；由于债券收益率上升，公司部门发行的债券减少等。

自2017年第二季度以来,股市大体上呈现上涨态势。宏观经济改善有助于稳定市场情绪。同时,2017年6月21日,全球主要的股票指数发布公司MSCI宣布自2018年6月将把中国A股纳入MSCI新兴市场指数和MSCI ACWI指数,这增强了国内外投资者对中国股票(尤其是蓝筹股)的信心。中共十九大以来宣布的改革和承诺,也加强了外界对中国经济向好的看法,在一定程度上有助于改善股市情绪。有鉴于此,主要股指自2017年第二季度到2017年底逐步上升,其中科技股表现强于整体市场,特别是与互联网、大数据和人工智能相关的股票。

部分由于监管和流动性状况的收紧,债券市场在2016年底到2017年底的压力增加。与股票市场相比,债券市场自2016年底以来出现调整。抑制金融市场杠杆的监管措施在一定程度上收紧了流动性,影响了债券市场。宏观经济的改善及缓慢上升的通货膨胀走势,增加了利率上升的预期。此外,由于中美两国债券收益率相关性近年来不断增加,美联储加息进程也在一定程度上影响了中国债券市场。自2016年10月以来,尤其是2016年10月至12月和2017年9月至11月期间,债券市场出现一系列调整(如图1.14所示)。

图1.14 债券市场压力在2017年底有所增加

资料来源:上海证券交易所、中国金融期货交易所、AMRO。

不良贷款率保持稳定,而特别关注贷款率与2016年三季度相比有所下降。2016年第一季度,官方公布的不良贷款率升至1.75%,此后到2017年第三季度,该比率一直保持相对稳定的水平,其中大型商业银行的不良贷款下降,原因是经济和企业利润的改善。与此同时,特别关注贷款率在2017年第三季度末下降至3.6%,低于去年同期的4.1%。这表明整体上银行体系的压力有所缓解。然而,农村商业银行的不良贷款率仍然继续上升,原因是一些借款人的盈利下降,同时处置不良贷款的步伐缓慢。

在房地产限购政策及改善租赁市场等政策的影响下，部分大城市房地产市场继续降温。自2016年下半年以来，中国政府采取宏观审慎措施限制房地产投机，并着力发展和改善租赁市场，以减少对房地产市场的购买需求。这些措施导致一线和部分二线城市房地产的价格上涨速度放缓，在部分城市随着价格下跌（如图1.15所示），房地产库存也有所下降。与此同时中小城市的房价总体上仍保持增长态势。

图1.15　部分大城市的房地产市场继续降温

资料来源：万得。

政府观点

中国政府指出，在各个领域，经济呈现出改善势头。关于对外部门，中国政府认为进出口实现了较快的增长，结构将进一步优化。跨境资金流动从净流出转为基本平衡。外汇的供求基本平衡。此外，人民币汇率的灵活性增加，双向波动更为明显。人民币汇率预期总体平稳。在价格走势方面，中国政府强调CPI将温和上涨，而PPI则在大幅上涨后有所放缓。关于银行业，资产质量和盈利能力一直保持稳定，而银行业抵御潜在风险的能力也有所增强。关于房地产市场，中国政府认为到目前为止所采取的措施已经取得效果。他们相信这些措施并未对经济造成负面影响，并会采取进一步措施稳定房地产市场。

2. 风险、脆弱性和挑战

经济增长与国内宏观经济形势面临的短期风险有所减弱。表2.1展示了2016~2018年中国经济风险的变化状况。在2016年中国年度经济磋商报告中,AMRO当时提出,主要风险包括投资与外部需求放缓带来的经济下行压力、大城市房地产市场的杠杆和投机行为增加、持续产能过剩、国有企业(SOE)改革放缓以及公司债务上升等。2017年,企业盈利能力和经济增长反弹,加之通过政策措施削减了过剩产能,强化了对金融和企业杠杆的管理,并遏制了房地产市场投机,这些使得经济增长面临的下行风险已经降低。目前来看,化解过剩产能正按照政府计划在推进[7],一线和二线城市房价涨幅有所下降,而企业和金融部门杠杆率的上升态势开始放缓。

表2.1　中国宏观经济风险变化

风险		发生可能性			2018年的潜在影响程度
		2016年	2017年	2018年	
国内	经济硬着陆				大
	高房价				中
	持续产能过剩				小
	缓慢的国有企业改革				中
	高企业债务				中
	上升的地方债务				小
	金融风险				中
外部	贸易争端				小/中
	资本外流压力				中
	地缘政治风险				小

低可能性　　中低可能性　　中等可能性　　高可能性

资料来源:AMRO。

当前及未来仍有待解决的主要风险涉及企业和政府债务、金融杠杆和国有企业改革。虽然企业债务增长放缓,风险有所缓解,但企业债务总量较高,仍然是一个主要风险。关于地方政府债务,中国政府继续努力遏制债务增长,但仍然存在与PPP项目相关的风险、隐性担保和非法融资。同时,国有企业改革需要进一步加强政策措施,在市场化方面取得预期成果。由于加强监管,金融杠杆开始下降,但仍需要采取措施

---

[7] 根据国家统计局的数据,2017年产能利用率上升至77%,为过去五年来的最高水平。

加以严控。从外部环境看，资本流出压力有所缓和，但如果美国和其他发达经济体货币政策正常化的进程加快，或者中国经济增长下行压力加大，这些可能会加剧资本外流压力。此外，地缘政治风险是可能存在的尾部风险。

2.1 高企的债务

虽然债务总额仍在上升，但其增速在2017年有所放缓。在政府加大控制债务增长政策力度等因素作用下，2017年整体债务（包括政府债务、家庭债务和非金融企业债务）的增速相比2016年已经放缓（如图2.1所示）。根据AMRO的计算，截至2017年底，中国总债务相当于GDP的241.0%。这一比率虽然比2016年高出4个百分点，但其增幅为过去六年来的最低。2017年，企业债务占总债务的三分之二，以较慢的速度上升：企业债务对GDP比率增长了2个百分点，远低于2012~2016年的年均8.0%的涨幅。

图2.1 中国整体债务增速放缓

资料来源：国家统计局、中国财政部、中国人民银行、AMRO。

脆弱部门的高债务及家庭债务的上升问题值得关注。目前，中国的企业债务对GDP的比率高于全球主要国家，只有实施重大的调整改革才能扭转这一趋势。根据AMRO的计算，由于2017年生产者价格反弹明显，带动名义GDP在一定程度上较快增长，从而使得公司债务对GDP的比率增长放缓（如图2.2所示）。如果生产者价格及名义GDP在2018年增长下降，不排除企业债务对GDP的比率可能会加快增长。总的来看，高杠杆率和沉重的债务负担给钢铁、采掘、公用事业、交通运输和制造业等部分国有企业（SOEs）带来了较大压力，导致其盈利能力和竞争力下降（见报告二中国企业债：宏观及行业风险评估）。消除对企业债务的隐性担保预期有助于增强市场风险意识，但仍有空间加强对企业信用风险的管理。另一个值得关注的问题是家庭债务的增速已经超过其他债务，其主要原因是家庭举债购买住宅。根据AMRO估计，截至2017年底，中国的家庭债务对GDP的比率估计为47.3%，而2010年这一比率仅为27.2%。

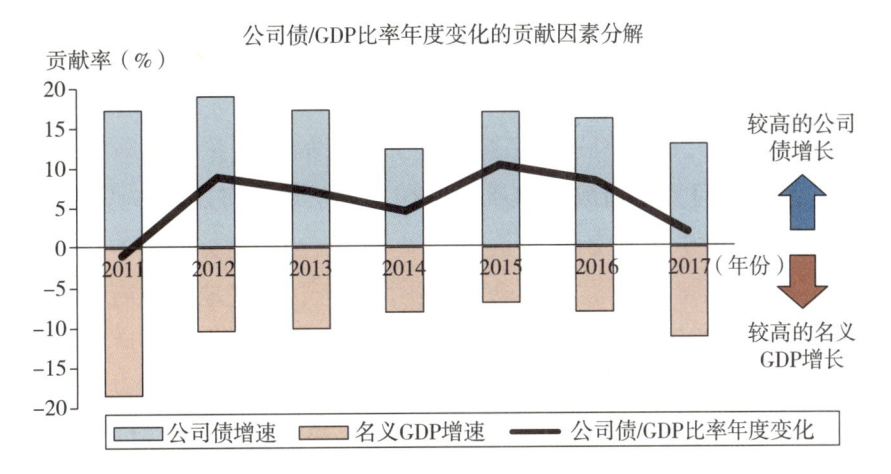

公司债/GDP比率年度变化的贡献因素分解

图2.2 在较高的名义GDP增速等因素影响下，企业债务/GDP比率在2017年增长放缓

资料来源：AMRO。

2.2 金融杠杆

金融部门去杠杆化进程取得一定进展，但与某些复杂及不透明金融产品相关的风险依然存在。 2016年，我们在中国经济磋商报告中强调，随着不良贷款率上升，影子银行业务扩张以及债券违约压力增加，中国金融部门面临的风险增加。2017年以来，由于工业生产价格和利润反弹，不良贷款率呈现稳定迹象。与此同时，中国政府还采取措施遏制金融部门的杠杆率上升（如图2.3所示）。然而，鉴于一些金融产品的高度复杂性和相互关联性，相关的风险尚未完全能够得到识别，可能会形成传染性风险。一方面，不同监管机构对资产管理行业的监管规则和标准不一致，也会导致监管套利。另一方面，去杠杆等因素使得债券市场的流动性紧张，并在一定程度上引发了债券市场的调整。

隔夜回购占总回购比率及理财规模

图2.3 金融业去杠杆进程逐步推进

资料来源：中国外汇交易中心、AMRO。

2.3 与PPP项目相关的潜在风险

虽然PPP项目设立的目的是为了减轻地方政府的负担并遏制地方政府债务的增加，但不规范的PPP可能会造成财政压力。在过去三年期间，PPP项目已成为许多地方政府的重点工作之一。为控制财政负担，中央政府规定地方PPP项目占一般公共预算支出比例不得超10%。然而，为推动PPP项目实施，一些地方政府通过使用政府基金或其他形式的财政资金突破这一上限，这在一定程度上增加了财政负担并挤占了其他财政支出。此外，为了吸引非政府资金，地方政府为一些PPP项目的收入或回报间接提供担保。一旦政府被要求履行这些担保承诺，势必会增加其财政负担。如图2.4所示，85%处于执行的PPP项目依靠政府补贴或支付作为其收入来源[8]。另外，一些地方政府更多地关注PPP项目的建设，而不是确保建成后的PPP项目运行的持续性。此外，为了推动某些建设项目，例如商业房地产项目，一些地方政府将其归为PPP项目，以便顺利获得政策支持。如果这些不规范的PPP操作无法得到有效制止，那么在中期内地方政府融资可能面临较大的压力。一旦这些不规范的PPP项目引发破产或出现违约，又可能会对地方经济和金融稳定构成威胁。

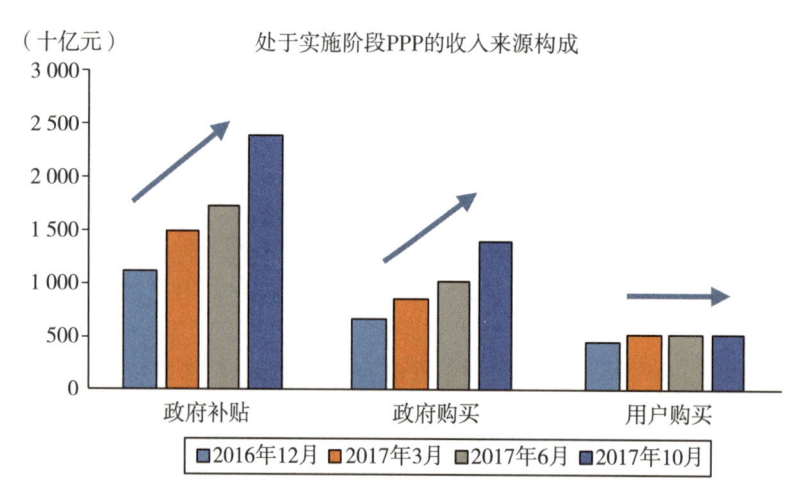

图2.4 目前的PPP项目依靠政府补贴或购买作为主要收入来源

资料来源：中国财政部、AMRO。

2.4 地方政府融资平台

地方政府融资平台转型为以市场为导向的经营实体的进程还需时日。2014年10月，《国务院关于加强地方政府性债务管理的意见》规定融资平台公司不得新增政府

---

[8] PPP项目有三种收入来源：（1）"政府补贴"；（2）"政府购买"，是指政府购买PPP项目提供的服务；（3）"用户购买"，指公众支付PPP项目提供的服务。

债务。自2015年起，地方政府融资平台债务也被排除在政府债务之外。此外，地方政府融资平台被要求转变为正常的国有企业或PPP项目，或被清理。实际上，由于地方政府融资平台需要举债以完成未完成的项目和进行市政建设，地方融资平台的债务自2015年以来仍然持续快速增长。根据万得数据，截至2017年上半年末，地方融资平台负债总额为人民币44万亿元（占GDP的55%）（如图2.5所示）[9]。此外，地方政府融资平台向市场主体转型的进展缓慢，部分地方政府融资平台的盈利能力和债务支付能力有一定恶化。根据AMRO测算，地方政府融资平台的资产回报率（ROA）从2010年的2.1%下降至2017年上半年的1.1%（如图2.6所示）。考虑到地方政府是地方政府融资平台的最大股东，并为地方融资平台提供资金支持或补贴，低效率和经营困难的地方融资平台会增加财政的潜在负担。

图2.5 地方政府融资平台债务继续较快增加

资料来源：万得、AMRO。

图2.6 地方政府融资平台的盈利能力不容乐观

资料来源：万得、AMRO。

政府观点

中国政府意识到中国经济面临的风险和挑战，结构性矛盾仍较突出，结构调整和改革任重道远。 近期企业业绩的改善主要集中在上游和中游，如煤炭、钢铁和化工行业。然而，一些较弱势行业的瓶颈尚未解决，总体杠杆仍然较高。由于杠杆率高，运营效率低，企业面临较大的债务压力，尤其是国有企业。防范金融风险和去杠杆化的任务已经取得显著进展，但仍然很艰巨，特别是考虑到金融产品的复杂性。关于外部风险，中国政府承认中国仍面临着高度复杂和难以预测的国际环境和压力。他们对美国和其他发达经济体货币政策可能发生的调整保持警惕，这些风险可能会对全球经济和资本流动产生影响。总体而言，全球贸易和投资尚未出现稳定增长的趋势，而地缘政治风险及不确定性也可能加大。

---

[9] 计算基于2008年地方政府融资平台负债（Liabilities）而非有息债务（Debt）数据。负债数据通常比债务数据更大且更易获得。国际货币基金组织估计2015年地方政府融资平台贷款总额约占国内生产总值的41%。德意志银行估计，截至2017年上半年末，固定资产投资贷款债务约占GDP的42%。

3. 政策讨论

未来两大优先政策选项应为推动改革降低宏观经济和金融领域的风险。 过去五年来，中国经济一直在进行结构调整。由于经济增长有所放缓，人们普遍担心中国经济硬着陆并对全球经济增长产生重大影响。然而，最近中国经济虽然有所放缓但增速趋于稳定，同时，经济结构调整取得了重大进展，更依托消费为主导。随着消费和服务业的升级和扩张，相对于以往的投资驱动型增长模式，经济增长和就业更具可持续性。有鉴于此，同时考虑到当前已经实施了有力度且具有前瞻性的降杠杆金融监管措施，我们认为经济硬着陆（或经济意外下滑）不是一项重大的短期风险。我们赞赏中国政府宏观经济管理和结构调整的能力。然而，尽管近期风险有所减少，但结构性挑战依然存在，如果不加以解决，它们可能对可持续增长和宏观金融稳定构成风险。尤其是，政策制定者应继续优先化解过去在投资拉动增长模式下积累的风险，例如高企业杠杆率和低效率，需要进一步努力遏制地方政府债务的增加，鼓励金融去杠杆化和遏制高房价。减少这些风险将有助于提高中国经济的韧性，抵御国内外的冲击。除了防范这些风险外，进一步的市场化改革将显著提高国有企业的效率。推动宏观政策框架的现代化也很重要，包括政策制定者通过改革货币政策框架及加强政策透明度和沟通等。此外，应改革对经济的评估指标以体现对高质量增长和环境的重视（如图3.1所示）。

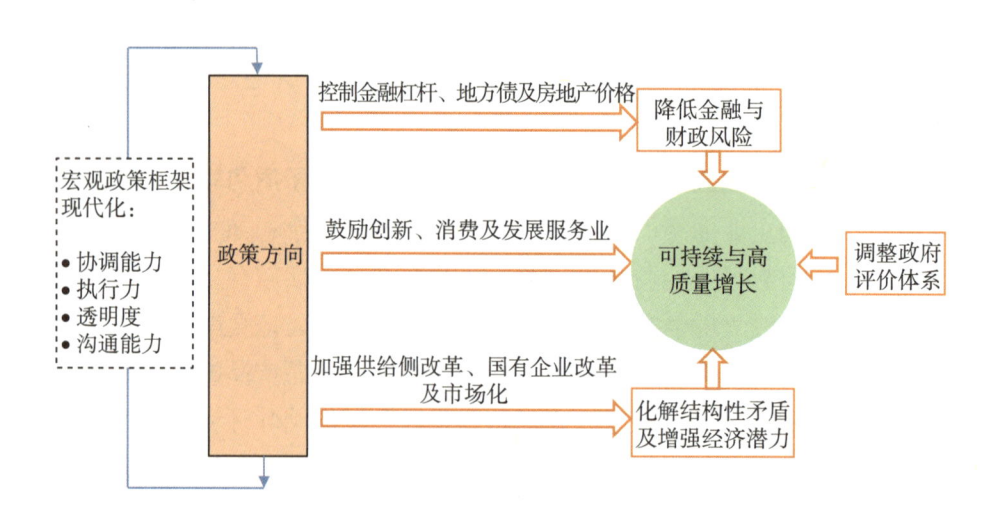

图3.1 降低宏观经济和金融领域的风险及推行改革的政策框架

资料来源：AMRO。

3.1 财政政策和地方政府债务

财政政策应着重支持结构调整和提高支出效率。 根据中国政府的观点，自2008年以来，中国实施了"积极的"财政政策，并强调2017年财政政策会"更积极有效"。因此，2016~2017年财政赤字上升至2.9%。鉴于财政赤字已经较高以及未来人口老龄化带来的潜在社会支出压力，应对财政赤字与GDP的比率设定上限（如图3.2所示），以便为未来增加的财政支出构建缓冲。目前的财政支出应进一步优先支持以消费为主导的增长模式的再平衡，其中关键之一是要建立全面的社会安全网，这将有助于减少预防性储蓄并支持消费。财政支出的另一个优先事项应是支持国有企业改革，包括将国有企业的办社会职能转移给政府，并救助受影响的员工，包括帮助他们再就业。目前为止，减税降费工作取得重大进展，但仍需要努力，以进一步降低企业税负以增强国际竞争力。同时，中国政府应采取措施，致力于提高支出效率和财政投资回报（尤其是与PPP项目有关的支出），例如，对于造价庞大但难以充分利用的基础设施项目加强审批。

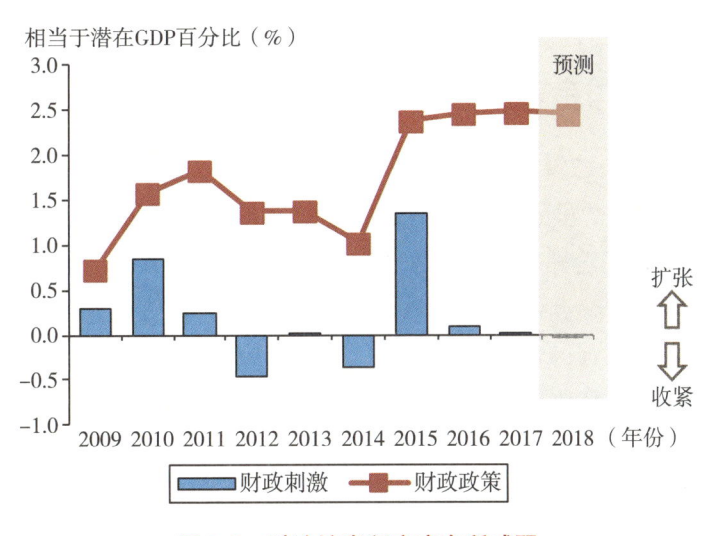

图3.2 财政扩张程度应有所减弱

注：潜在GDP按照HP filter计算(年度值，λ=6.25)。
资料来源：AMRO。

需要采取更严格和更为根本的措施来控制地方政府债务。 自2014年以来，中国政府控制地方政府债务的努力有助于稳定地方政府债务（对GDP的比率）。然而，官方口径的地方政府债务仅包括政府偿还的债务，不包括政府担保债务和承担一定救助责任的债务(或有负债)。未来需要作出更多的努力来控制或有负债的增长，以确保政府不会因为或有负债违约而增加债务负担。同时，需要继续努力严防不规范借贷，并加强对PPP项目的监管。应建立一个合理的地方政府绩效指标，在维持GDP增长与控制债务增长之间保持平衡。从根本上说，地方政府的财政收入和支出责任失衡是地方政府债务迅速增长的一个原因（如地方政府占政府总支出的86%，但仅占政府总收入的45%）。有鉴于此，需要全面评估两种调整中央—地方财政收支平衡的思路，即将支出责任从地方政府转移到中央政府或将收入从中央政府转移到地方政府，以减少地方财政收支不平衡以及衍生的问题。

政府观点

中国政府认为政府债务风险已得到控制，但强调需采取进一步措施遏制债务增长。据有关部门介绍，各级政府为降低金融风险建立健全规范的债务融资机制，自2015年以来这方面取得显著成效。目前，地方政府只能在中央政府批准的范围内通过发行地方政府债券来融资。截至2017年末，中国政府债务负债率（债务余额/GDP）为36.2%，低于主要市场经济国家和新兴市场国家水平，风险总体可控。展望未来，中国政府承诺推动地方融资平台向市场化方向转型，并支持地方融资平台开展市场化的融资。在财政改革方面，中国政府清醒地认识到需要平衡中央政府与地方政府之间的财政关系以及建立现代财政体系的必要性。

3.2 货币政策与金融监管

货币政策应继续关注维持宏观经济和金融稳定。2017年，中国经济增长势头强劲，产出缺口转为正值。虽然当前通货膨胀率仍然偏低，但可能逐步上升。我们预计，虽然2018年的经济增长会略有放缓，但仍将保持在潜在增长率之上，产出缺口仍将保持正值。鉴于近期较为强劲的增长前景和总体温和的通货膨胀水平，我们认为，货币政策应优先考虑维护宏观经济与金融稳定，进一步遏制金融领域过度杠杆和风险。同时，进一步增强流动性管理对于确保金融市场平稳运行至关重要。当然，如果核心通货膨胀明显上升，应考虑适度收紧货币政策。

允许进一步提高汇率灵活性，资本管制放松可与外部稳定性协调进行。2017年中国人民银行推出的逆周期因子有助于人民币汇率更好地反映经济基本面，并增加了汇率灵活性。目前，资本流出压力已经减退，人民币对美元汇率相对稳定。尽管如此，中国政府应密切关注美联储加息的潜在影响。在美国减税措施等影响下，不排除美联储加息进程可能会快于预期。另外，考虑到人民币已经成为国际储备货币，我们鼓励中国政府进一步加强汇率政策沟通和透明度。

宏观审慎政策和金融监管应继续重点遏制过度杠杆和降低风险。中国人民银行于2017年初将表外理财纳入MPA框架，同时金融监管机构采取一系列的加强金融监管措施，这些都有助于遏制金融杠杆。同时，利率上升加大了银行间融资成本，抑制了表外融资活动。在以上政策作用下，近期金融体系的杠杆率上升的势头已经得到扭转，但仍有进一步改善的空间。鉴于不同金融机构之间密切且复杂的联系和金融产品的复杂性，影子银行和表外活动的透明度应得到进一步的加强。在这方面，应实施进一步的监管协调和在金融领域和产品（包括互联网融资）中推行标准化，以更好识别及应对潜在、跨部门和系统性的风险。此外，在追求进一步去杠杆化的同时，需要密切监控流动性收紧对金融市场的冲击并做好化解工作。

政府观点

维持金融稳定是中国政府的政策重点。中国人民银行表示要加强金融监管协调，采取具体措施维护金融稳定及缓解系统性金融风险。中国政府强调要健全货币政策和宏观审慎政策双支柱调控框架。自2018年第一季度评估起，中国人民银行已经将部分同业存单纳入宏观审慎评估（MPA）同业负债占比指标进行考核。关于货币政策，中国人民银行强调，他们将继续实施"稳健中性"的货币政策，为供给侧结构性改革和高质量发展营造中性适度的货币金融环境。中国政府重申，从2018年1月起降低特定商业银行的存款准备金率并不会改变"稳健中性"的货币政策立场。他们解释说，这一政策举措是对现有存款准备金安排的调整。同时，货币政策与其他政策的协调将继续加强。此外，中国政府将深化利率和汇率市场化改革。

3.3 结构改革和控制企业债务

需要进一步采取措施将国有企业转变为独立的市场主体。国有企业改革是中国结构调整中的一个重点。没有成功的国有企业改革，经济结构调整就不会成功。这是因为国有企业债务占企业债务总额的一半以上，国有企业产出占钢铁、煤矿和其他产能过剩行业总产量的一半以上，有效的国有企业改革势必能解决高企的企业债务和产能过剩问题。在推进国有企业混合所有制改革的进程中，需要进一步采取措施以吸引私营部门的参与，包括保护私人股东的权利，并鼓励他们积极监督和参与决策过程。由于混合所有制改革涉及将国有股份转让给私营部门，因此应采取措施防止在此过程中国有股份被低价出让。同时，将国有企业转变为具有全球竞争力的企业的工作应着重于提高其效率，而不是基于非市场原则分配给其更多资源，以使其成为垄断企业。更多的垄断性国有企业不仅可能会抑制私营部门的发展，也可能导致国有企业管理和运营效率的恶化。

在国有企业改革中，协调至关重要。在推动国有企业向更加市场化的经营主体转变的过程中，需要配套建立全国层面的覆盖全体员工的社会安全网，尽快完全转移国有企业办社会的职能。同时，应拨出足够的财政资金支持国有企业改革。此外，需要做更多的努力来支持地方政府融资平台的转型，这些融资平台从政府中分离出来并被视为国有企业，但由于这些实体的市场化程度较低，面临着高负债和低利润率的问题，因此应采取有针对性的具体措施帮助其加快向以市场为导向的实体转型。

为了控制企业高债务，需要采取综合措施来管理脆弱行业并降低财务风险。遏制国有企业债务是控制整体企业债务的关键所在，而改革是提高其效率至关重要的措施。处置"僵尸"企业和进一步削减过剩产能将有助于提高企业盈利能力和增加市场驱动型投资的回报，进而减少不良债务。就具体行业而言，应继续针对房地产行业采取宏观审慎措施以遏制债务增长。在公用事业、交通运输和建筑业，PPP项目可以作为融资的替代来源适当推广。针对一些对脆弱部门有较高风险暴露的金融机构，可以加强其缓冲能力，以降低金融体系面临的风险。此外，应改善企业和金融部门的财务数据的收集质量及披露，以便实施更全面的风险评估和监测。最后，应加强政策制定者之间的协调，这有助于成功减少企业债务和化解风险。

政府观点

中国政府强调，混合所有制改革正在取得进展，政府支持国有企业做大做强。政府指出，国有企业改革已经取得了进一步进展，68.9%的中央国有企业和47.0%的地方国有企业已完成混合所有制改革[10]。这有助于改善企业治理结构并提升运营效率。另一方面，政府也承认国有企业改革发展仍然存在许多矛盾和问题。国有经济布局结构不合理现象仍然突出。政府承诺采取措施进一步深化国有企业改革，发展混合所有制经济，并支持某些国有企业成为具有全球竞争力的企业。国有企业中的党支部将在帮助落实中央的要求方面发挥关键作用，同时改善国有企业纪律，遏制腐败。

中国政府指出，尽管债务风险已经减缓，但仍将进一步采取措施来遏制风险。政府通过引用国际清算银行的数据强调[11]，中国企业的杠杆率呈下降趋势。展望未来，降低国有企业杠杆率仍将是政策优先，处置"僵尸"企业是减少企业债务的重要一步。政府继续支持在市场化基础上使用债转股来减少公司债务。另外，债转股也是促进国有企业改革的一项重要举措。

---

[10] 国家发展和改革委员会（NDRC）于2017年10月5日发布的声明。

[11] 根据国际清算银行的统计，截至2017年第二季度，非金融企业杠杆（信贷占GDP）比率为163.4%，较2016年第二季度的峰值（166.8%）有所下降。

专题A

中国汇率制度改革进程

本专题总结了中国汇率制度的发展情况以及各个时期面临的挑战。在过去近四十年来，随着宏观政策重点从贸易和投资转向维护金融稳定和应对外部压力，中国的汇率制度已经发生了相当大的变化。

1. 汇率双轨制度（1981～1994年）

官方和市场汇率分别适用于计划内和计划外的贸易交易，并且随着贸易和经常账户的逆差而逐年贬值。在1978年中国经济改革之前，由于外贸规模很有限，汇率在计划经济中并不占有重要地位[12]。改革开放以后，中国开始鼓励对外贸易，汇率的作用也相应增强。20世纪80年代初，美元/人民币的官方汇率在1.5～1.8元区间内波动，但对外贸易交易时美元/人民币的汇率则为2.8[13]。随后，为了满足外汇交易的需求，中国于1986年在主要城市建立了外汇调剂中心（FEAC），企业可以调剂其外汇头寸[14]。与官方汇率不同的是，这些调剂中心的汇率（以下简称"FEAC美元/人民币汇率"）反映了企业对外汇的供需情况。随着中国进一步的开放，资本品进口激增，在此期间经常账户多次出现逆差，这使得FEAC美元/人民币汇率与官方汇率逐步贬值（如图A.1～图A.3所示）。

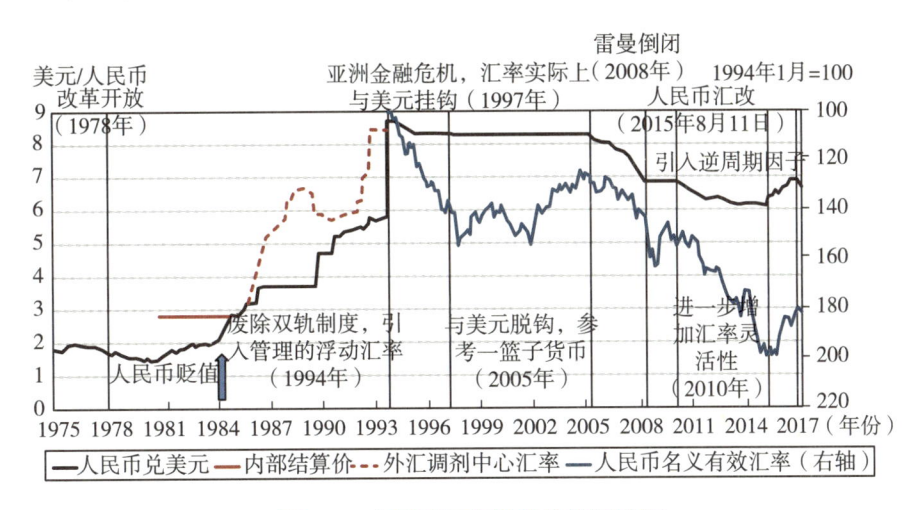

图A.1 人民币汇率长期的发展进程

注：由于缺乏数据，1986年的FEAC值通过线性插值获得。
资料来源：CEIC、世界银行（1994）：《中国：外贸改革》。

---

[12] 官方汇率主要编制财务报表和统计数据等，人民币于1956年开始与美元挂钩。1973年主要发达经济体实行浮动汇率制度后，人民币又与一篮子货币挂钩。

[13] 内部结算率价反映了1978年的平均出口成本加上10%的利润率。

[14] 1979年，政府允许公司持有通过外贸获得的部分外汇收入，进而公司对外汇交易产生需求。

图A.2　通胀率和利率

资料来源：CEIC。

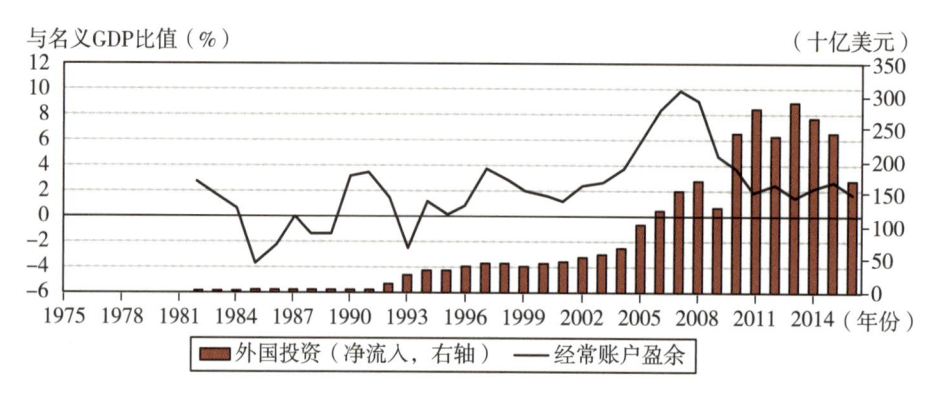

图A.3　经常账户余额和外国直接投资

资料来源：CEIC。

2. 实际上与美元挂钩的固定汇率制度（1994～2005年）

1994年取消汇率双轨制度，1997年人民币汇率与美元挂钩。 1994年，官方汇率贬值并与FEAC汇率靠拢，两者最终统一。其中的原因包括：（1）中国加入关税和贸易总协定（GATT）将显著促进外贸和外国直接投资，但GATT要求废除汇率双轨制；（2）官方汇率作用下降。汇率并轨后，中国采用了管理浮动汇率制度，一方面汇率相对稳定成为了政策考虑的重点，另一方面一定的浮动管理也有助于市场力量影响人民币汇率，促进外贸和投资。在新制度下，中国允许人民币在前一个交易日收盘价的 +/- 0.3% 的范围内波动，但实际波动范围更小。与此同时，为了整合全国外汇交易，中国于1994年成立了外汇交易中心（CFETS），并随后关闭了外汇调剂中心（FEAC）。1992年，邓小平南方谈话鼓励了外商直接投资强劲增长，带动贸易顺差增长。相应地，1994～1996年，人民币对美元名义汇率升值4.6%，实际有效汇率升值33.3%，1997年，亚洲金融危机（AFC）导致亚洲新兴市场经济体的货币贬值，也引起市场对人民币可能贬值的担心。在此压力下，为维持中国与区域金融稳定，中国维持了人民币兑美元汇率稳定。自1997年11月至2005年7月中旬，美元/人民币汇率保持在8.28左右。

3. 基于市场供求关系，参考一篮子货币的管理浮动（自2005年开始）

2005年7月，与美元挂钩的汇率安排被更为灵活的浮动管理（参考一篮子货币）安排所取代[15]。与此同时，人民币对美元升值约2个百分点。与美元脱钩反映了中国转向更为灵活和市场化的汇率政策。2007年5月，兑美元的交易区间从之前的+/- 0.3%扩大至+/- 0.5%。同时，允许人民币兑其他货币在+/- 1.5%的区间内波动，幅度大于前期的+/- 1.0%区间。这些调整的一个推动力是来自国际的压力，因为一些国家认为人民币被低估，加剧了全球经常账户失衡[16]。汇率安排调整的另一个重要推动力是国内经济改革的需要。事实上，中国的国际收支盈余导致了充裕的流动性，尽管中国人民银行的干预措施有助于吸收部分流动性，但整体流动性充裕的状况支撑了固定投资快速增长。因此，人民币汇率升值有助于缓解这些国内外的不平衡。从2005年7月至2008年9月(雷曼倒闭事件)，人民币对美元名义汇率升值了17.2%，实际有效汇率升值了14.6%。

在全球金融危机期间，为维护总体上金融系统的稳定，中国保持了人民币汇率的稳定，但当危机有所缓解后，又允许人民币更加灵活地浮动。在全球金融危机期间，人民币兑美元汇率基本稳定，而国际关注点也转向发达经济体的金融体系。在此期间，中国实施了大规模的经济刺激方案，支撑了全球经济复苏，这也导致了进口增加，经常账户顺差下降。中国经济的强劲复苏（增长率从2009年第一季度低谷的6.4%反弹到2010年第一季度的12.2%），增加了中国政府信心，进而允许汇率有更大的灵活性。因此，2010年6月，中国人民银行发表声明，宣布"进一步推进人民币汇率形成机制改革，增强人民币汇率弹性"。考虑到经过一段宽松的货币环境，通货膨胀压力已经加大，这一改革举措是及时的。随后，人民币逐步升值。2012年4月，官方允许人民币对美元汇率波动幅度扩大至+/- 1.0%，2014年3月又扩大至+/- 2.0%。

2015年8月，中国人民银行宣布调整每日定盘价，随后官方美元/人民币中间价贬值近2%。鉴于美联储即将实施货币政策正常化，加之美元已经升值，人民币兑美元汇率在2015年上半年已经移至波动期间上限（贬值）附近（如图A.4所示）。2015年8月，汇率区间的中间价贬值。更重要的是，为了更好地把市场机制纳入到定价过程中，

---

[15] 人民币篮子中的各个货币权重没有披露。

[16] 2003年，美国财政部长公开表示美国希望人民币汇率更加灵活。2005年4月，七国集团的声明强调，"主要国家或经济地区的汇率缺乏灵活性，应以市场机制为基础来促进国际金融体系顺利和全面的调整，汇率应更具灵活性"。在中国汇率改革公布后，七国集团发表声明表示欢迎。

中国人民银行宣布调整每日中间价定价方式。在确定次日的中间价时，将考虑前一日的收盘价（而不是中间价）。这标志着人民币汇率的改革进一步市场化，其发生于国际货币基金组织宣布决定将人民币纳入SDR一篮子货币的四个月之前。在采取了这一政策后，随着中国经济增长放缓、美国货币政策逐渐正常化，资本外流增加，人民币贬值压力增加。到2016年底，人民币兑美元达到了6.96的高点。在2017年5月，中国又采取了一系列政策措施，即引入逆周期因子，旨在使汇率能够更好地反映经济增长的基本面，从而缓解了市场中不合理的影响和自我强化的预期，这项措施使得人民币兑美元汇率逐步升值。

图A.4 人民币对美元的中间价与市场价

资料来源：彭博。

回顾过去三十多年来的发展历程，人民币汇率灵活性逐步增加，更加市场化。中国正在进行多项改革，包括逐步开放资本账户、人民币国际化和货币政策框架的进一步完善。在推进这些改革时，需要精心策划和考虑国内和外部条件，理顺进一步改革的时机和先后顺序。展望未来，中国需加强政策沟通，短期内其可以避免政策变化带来的意外影响，长期看还可以提高汇率政策的有效性。

专题B

中国与东盟日益深化的经济联系及其潜在溢出效应

随着中国经济贸易及对外投资规模快速增长，中国与东盟的经济联系日益深化，通过不同的渠道体现出越来越明显的影响。中国的GDP（按市值）在2000年占东盟+中日韩GDP总和（以下简称"东亚"）的19%，到2016年升至57%。在中期内，考虑到中国的增长速度可能高于东亚的平均水平，预计五年后这一比例将进一步上升至60%以上（如图B.1所示）。另外，中国的对外贸易在过去三十年中迅速增长。在东亚整体的国际贸易中，中国份额从1996年的27%上升到2016年的52%。中国经济贸易活动规模的扩大（量变）对东盟有着巨大影响。不仅如此，中国不断变化的经济结构和持续的改革（质变）也对东盟产生了深远的影响。中国的经济结构调整和改革包括：（1）向更多依靠消费驱动的增长模式转型（如图B.2所示）；（2）加大环保力度和提高能源使用效率；（3）继续保持开放并发展以市场为导向的金融市场；（4）提出"一带一路"倡议并增加对外投资。在此背景下，中国对东盟的溢出效应经历了从单一货物贸易渠道扩展到由货物、服务、投资及金融市场等多渠道且逐步增强的过程。本专题讨论了中国通过不同的渠道对东盟产生的溢出效应，并通过模型对溢出效应程度进行了定量分析。

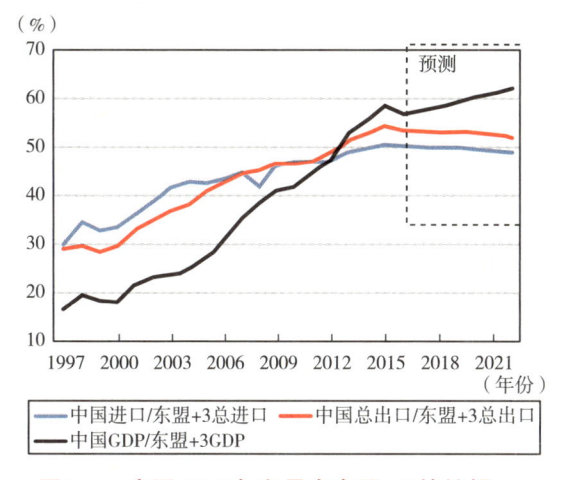

图B.1 中国GDP与贸易在东盟+3的份额

资料来源：IMF，各国政府及AMRO。

图B.2 中国结构调整：GDP中消费与投资的变化

资料来源：国家统计局，AMRO。

1. 中国与东盟的经济联系日益深化

1.1 货物贸易

随着对华货物出口持续增加，多个东盟国家对华出口与其GDP的比率逐步上升且数额较大，这是中国溢出效应发挥作用最重要、最直接的渠道。1990年，东盟对华出口占东盟总出口份额只有2%，到2016年，这一比例平均升至12%以上。如图B.3所示，2016年东盟对华出口与其各自GDP的比率相当高，特别是越南（18%）、马来西亚（17%）、泰国（10%）、新加坡（9%）和老挝（9%）。同样，如图B.4所示，从出口增加值来看，东盟对华出口对其GDP贡献份额也呈上升趋势。这些都表明中国已成为这些经济体GDP增长的一个重要拉动因素。

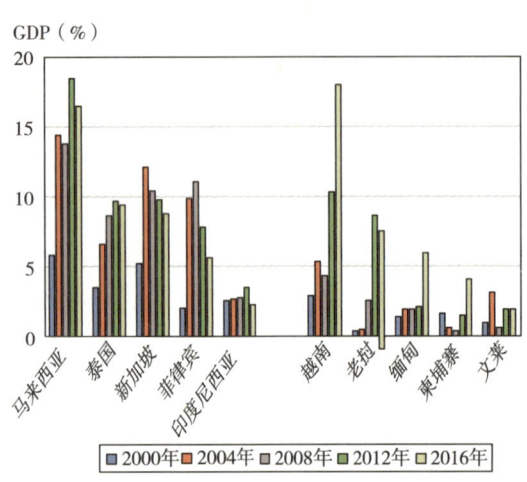

图B.3 东盟对华出口占东盟各国GDP的份额（2000年,2004年,2008年,2012年,2016年）

资料来源：联合国COMTRADE（报告国=中国）、各国政府、AMRO估计。

图B.4 东盟对华出口对其GDP的贡献：出口增加值衡量（1995年,2000年,2011年）

资料来源：OECD、各国政府、AMRO估计。

1.2 旅游业

近年来，中国出境人数及旅游支出迅速增加。自2012年以来，随着中国人均收入增长和中产阶级的不断壮大，出境旅游业务增速加快。中国出境游客占全球游客比重从1995年的1%升至2015年的9%。中国出境游客的支出增长更快，其在全球旅游支出比例从1995年的1%升至2015年的25%。

东盟各经济体受益于中国快速发展的出境旅游。近年来，中国前往东盟的游客快速增长。2016年，在东盟大多数经济体中，中国游客数量位居各国游客首位。如图B.5所示，在越南和泰国，中国游客占比均为27%，其他经济体比例也很高：新加坡（17%）、印度尼西亚（14%）、老挝（13%）和菲律宾（11%）。从与各国GDP的比率来看，中国游客在东盟一些经济体的消费可观，包括泰国（3.2%）、越南（1.3%）、新加坡（0.6%）和印度尼西亚（0.2%）（如图B.6所示）。

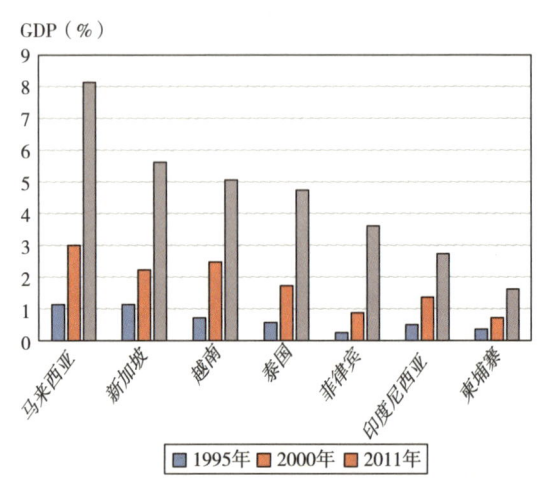

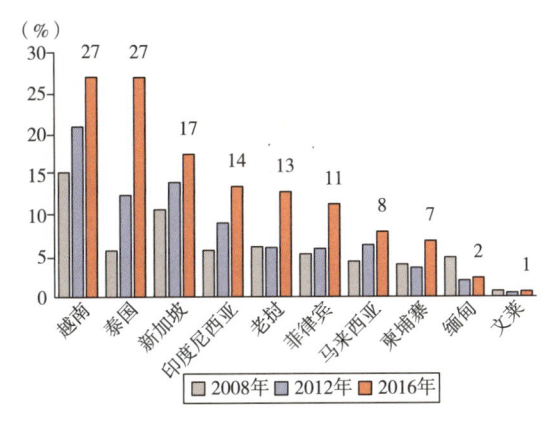

图B.5 中国游客占东盟各经济体总游客的比例

资料来源：东盟各国政府、AMRO。

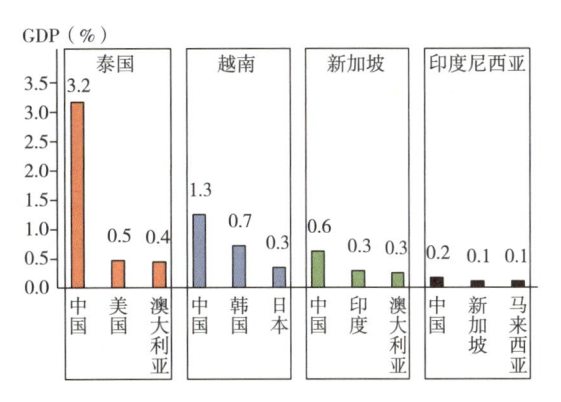

图B.6 2016年各经济体排名前三的游客消费额占其GDP的比重

资料来源：东盟各国政府、AMRO。

1.3 对外投资

中国对外投资总体持续快速增长。 2015年中国对外直接投资首次超过了外国在华直接投资。2016年，随着中资企业海外市场业务不断扩大，投资多元化需求以及中国政府鼓励企业走出去和发起"一带一路"倡议，中国对外直接投资继续增长，升至1 830亿美元（如图B.7所示）。

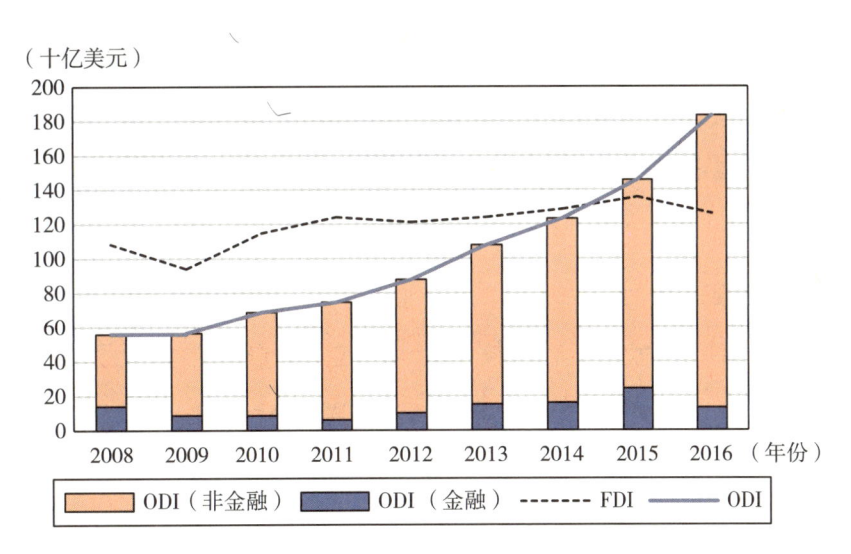

图B.7 外国对华直接投资以及中国对外直接投资

资料来源：商务部。

中国对东盟直接投资继续上升，集中于制造业、批发零售业以及租赁和商业服务业。 中国对东盟直接投资比其他地区增长更快。2015年，中国对东盟投资占其总对外投资份额增长至6%，而2007年这一比例仅为3%。中国对东盟累积投资从2007年的40亿美元增至2015年的630亿美元。由于一些发展中的东盟经济体劳动力成本较低，中国对这些经济体的制造业投资份额较大。另外，鉴于东盟消费市场发展较快且潜力巨大，中国在批发零售贸易、租赁及商业服务等方面对东盟的投资增长也很快（如图B.8所示）。

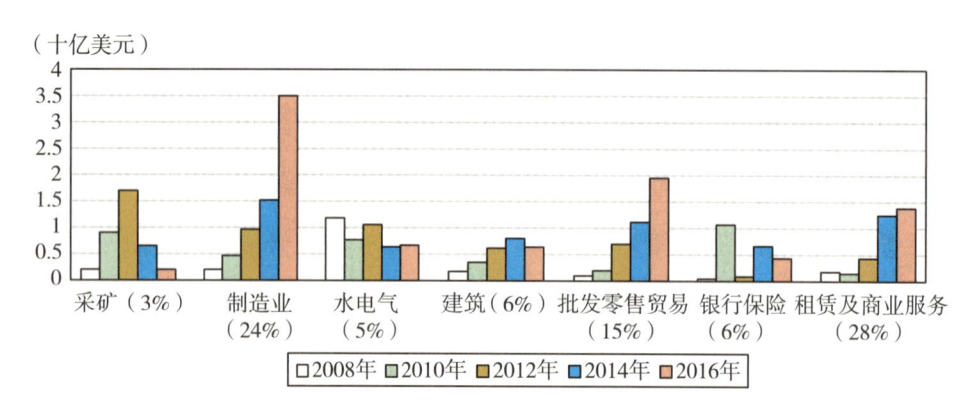

图B.8　中国在东盟七大行业中的直接投资

注：括号中数字为2014~2016年期间各行业ODI占总ODI比重。
资料来源：商务部。

区域金融中心在中国对东盟投资中发挥了重要媒介作用。随着中国企业越来越熟悉国际市场和运营，以中国内地为来源地的对外投资不断增加。不过，中国香港仍然是中国对外投资的重要中转地。这是因为中国企业通常在香港特区设立分支机构，香港特区的信息、资金、人才和法律制度也更有利于海外投资。来自中国的大量投资可以通过香港特区进入东盟。在东盟范围内，中国的投资集中在新加坡（2014~2016年，新加坡占中国对东盟投资总量的51%）。这是因为大量的中国公司在新加坡设立地区总部或分支机构，一些公司对外投资先投向新加坡，再间接投资于其他东盟经济体。

1.4　金融渠道

市场情绪是中国对东盟金融溢出效应最重要的渠道。到目前为止，中国与东盟投资者在对方金融市场的投资组合风险敞口规模均很小，两者之间直接金融投资联系有限，但鉴于中国是东亚最大经济体，也是东盟主要出口市场和重要增长动力之一，因此中国金融市场波动会影响整个东盟金融市场。例如，2015年8月11日中国改革人民币汇率兑美元中间价格机制，人民币兑美元在当日贬值2.0%，马来西亚林吉特、印度尼西亚卢比、泰国泰铢和新加坡元也在同期贬值，人民币与东盟货币之间相关程度上升（如图B.9所示）。与此同时，中国股市也对该地区产生了重大影响。中国股市在2015年8月下旬和2016年1月初出现调整，导致大部分东盟市场股市下跌。如图B.10所示，与外汇市场类似，中国股市与东盟股市之间的相关性在此期间呈上升趋势，不过近期相关性有所下降。

图B.9 人民币汇率（兑美元）与东盟货币的相关系数

注：系数估计使用一年的移动窗口。
资料来源：彭博社、AMRO计算。

图B.10 中国股票指数与东盟股票指数的相关系数

注：系数估计使用一年的移动窗口。
资料来源：彭博社、AMRO计算。

2. 中国对东盟溢出效应的模型分析

我们使用两种方法来实证研究中国对东盟的溢出效应，即宏观经济计量模型（由Oxford Economics开发）和全球矢量自回归（GVAR）模型。Oxford Economics模型旨在发现全球经济的关键关联性。短期预测时模型使用凯恩斯主义的方法，长期预测时使用货币主义方法。GVAR模型是AMRO与日本成蹊大学井上智夫教授的共同研究成果。

Oxford Economics模型的结果表明，中国的增长变化对东盟具有重大影响。如图B.11所示，我们假设中国经济增长率将下降，在2020年其增长率将比基准情景低1.0%，然后再反弹。模拟显示，中国将减少对包括东盟在内的世界货物和服务出口的需求。在这样的冲击下，到2020年，东盟五国的出口将下降0.3%～0.6%（如图B.12所示）。同时，由于东盟国家对贸易依存度高，出口占GDP份额大，因此这对东盟GDP的影响也很大（如图B.13所示），东盟各国的影响程度从0.1%到0.6%不等。

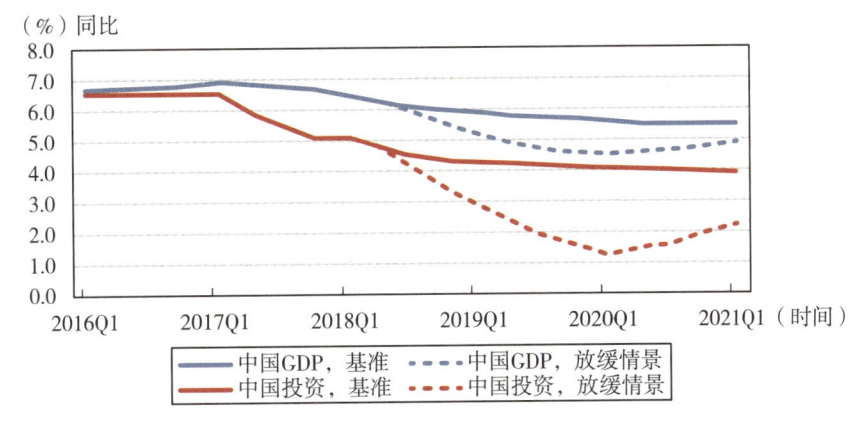

图B.11 中国GDP增速（不同情景）

资料来源：Oxford Economics、AMRO计算。

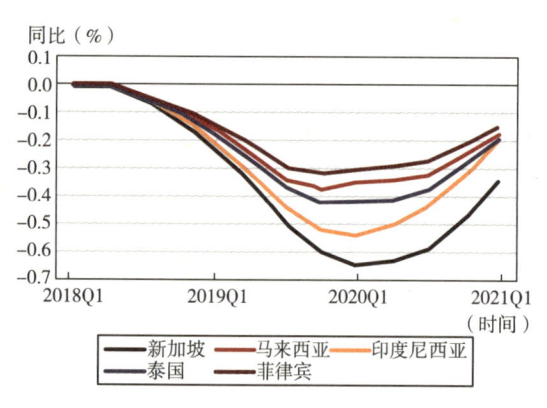

图B.12 中国经济放缓对东盟出口的影响

资料来源：Oxford Economics、AMRO。

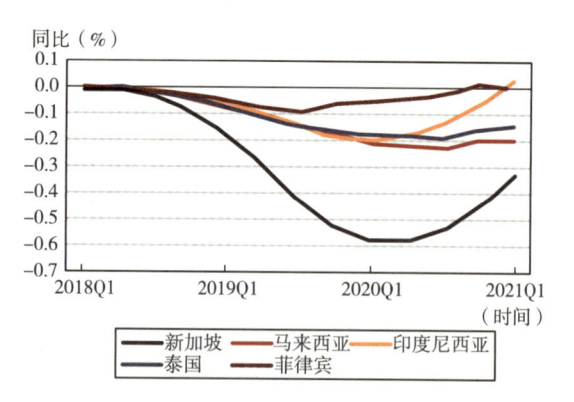

图B.13 中国经济放缓对东盟GDP的影响

资料来源：Oxford Economics、AMRO。

在金融市场上，大宗商品出口国对人民币大幅贬值最为敏感，本地区所有地区股票市场都对中国股市大幅波动敏感。我们使用Oxford Economics模型模拟中国金融市场对东盟的影响，分析过去两年人民币在贬值较快时期（2015年8月10日至25日以及2016年的第一周）对东盟货币的影响。结果显示，大宗商品出口国货币对人民币贬值最敏感。如人民币贬值5%，印度尼西亚卢比和马来西亚林吉特将贬值超过5%。Oxford Economics模型还显示，中国股市下降10%，区域内所有股市也同步下跌，下跌幅度为4.8%~6.1%。

GVAR分析的结果还表明[17]，中国的增长冲击（以工业生产值为指标）对东盟具有重大影响。就名义出口值而言（以当地货币计算），中国工业生产下降1.0%对东盟出口产生负向溢出效应（如图B.14所示），并且对东盟工业生产值也有重大影响（如图B.15所示）。与来自日本和美国等其他国家的冲击相比，来自中国的冲击对东盟工业生产值的影响更大，也更持久。

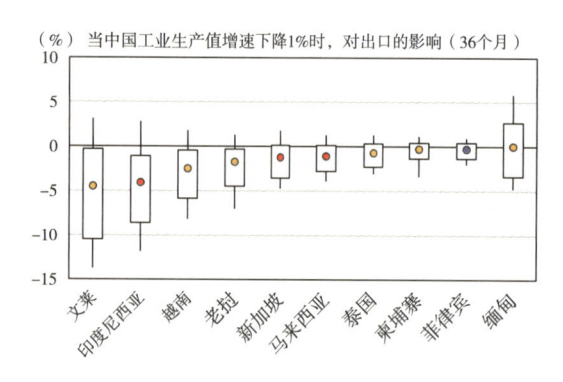

图B.14 实体GVAR模型：中国对东盟出口的影响

资料来源：AMRO估计。

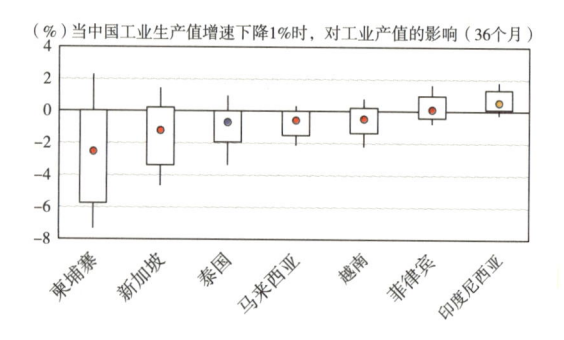

图B.15 实体GVAR模型：中国对东盟工业生产值的影响

资料来源：AMRO估计。

---

[17] 实体经济GVAR模型，使用此经济的特定变量，如工业生产值、消费者价格、贸易、名义有效汇率（NEER）和利率以及其他全球变量，如石油和食品价格。此模型使用月度数据。

3. 总结：中国通过不同渠道对东盟的经济影响

东盟国家受益于与中国经济更紧密的联系，而一些国家也从中国的经济再平衡中受益。根据对不同渠道的溢出效应分析，我们得出以下结论。一方面，中国经济增长，制造能力提高，对外投资和海外旅游也迅速增长，大多数东盟国家都从中受益。中国对消费品的需求日益增长，若干东盟国家对华出口也随之调整。另一方面，随着中国正在转向消费为导向的经济，东盟的资本品和大宗商品出口商继续面临中国需求疲弱的影响。在金融市场上，中国的市场波动可能会影响东盟大多数新兴和发达国家，而由于金融市场欠发达，东盟的发展中经济体受到的影响较小。

附录A：主要经济指标图

增长驱动因素包括由于价格上涨和利润改善推动的工业扩张以及服务业增长。

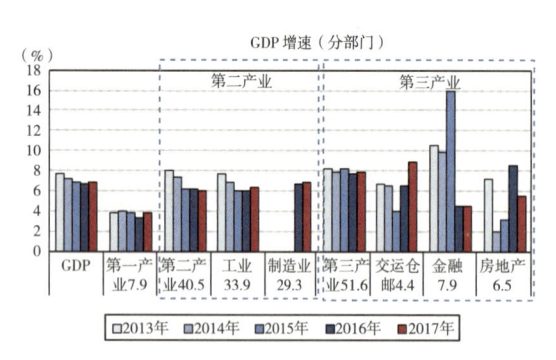

注：各行业下数字为其在最近一年占GDP的比重。
资料来源：国家统计局，AMRO。

非制造业扩张的步伐快于制造业。

资料来源：国家统计局，Markit。

零售与工业增加值的增长相对平稳。

资料来源：国家统计局。

固定资产投资特别是私人投资增速继续放缓。

资料来源：国家统计局。

2017年，在服务业及工业品价格上涨的带动下，GDP 平减指数增长加快，显示了较高的名义GDP增速。

资料来源：国家统计局，AMRO。

受益于放松行政审批及服务业扩张，新增就业岗位进一步增加。

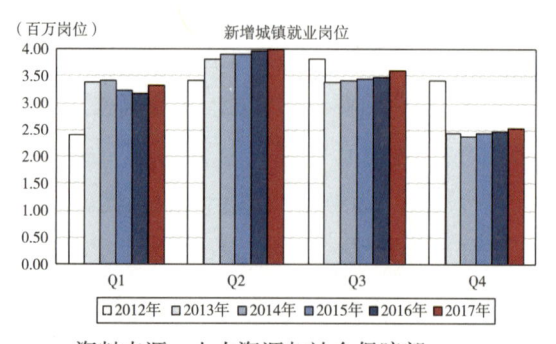

资料来源：人力资源与社会保障部。

附图A.1 经济增长与劳动力市场

38

经常账户盈余继续收窄。

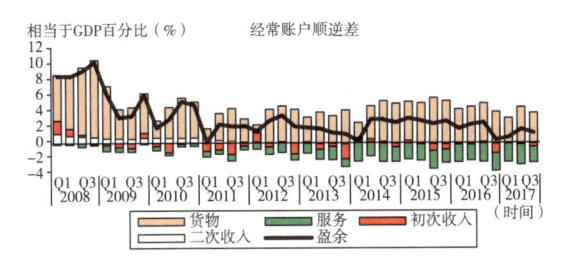

资料来源：外汇局，AMRO。

2017年，资本与金融账户四年来首次呈现顺差。

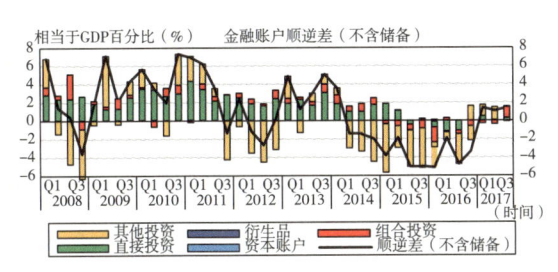

资料来源：外汇局，AMRO。

进口继续增长但自2017年初以来增速放缓。

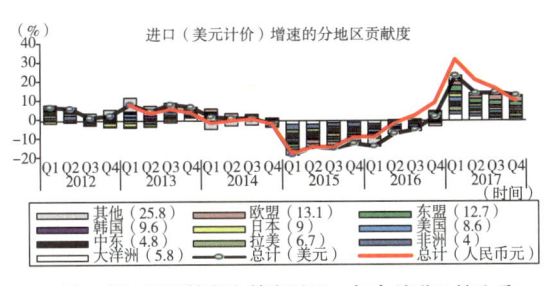

注：各地区后数字为其在最近一年占总进口的比重。
资料来源：海关总署。

人民币对美元汇率在2017年6~8月及2018年1月升值，同时汇率灵活性增强。

资料来源：中国人民银行，外汇交易中心。

增长的境外旅游支出是服务贸易逆差的主要原因。

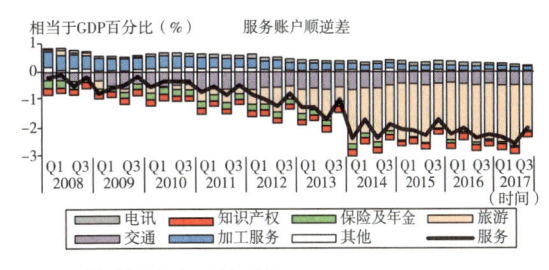

资料来源：外汇局。

出口增长强劲，尤其是对美国及欧盟。

注：各地区后数字为其在最近一年占总出口的比重。
资料来源：海关总署。

按增加值衡量，美国对中国贸易逆差较小，如果考虑到服务贸易，则逆差更小。

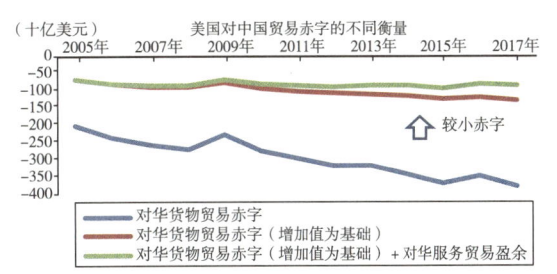

注：2015年，美国对华货物贸易赤字按照增加值衡量，约为一般（官方）对华货物贸易赤字的三分之一。我们假定这一比率在2005~2017年保持不变。
资料来源：美国调查局，美国经济分析局，AMRO。

资本流出压力已经缓解。

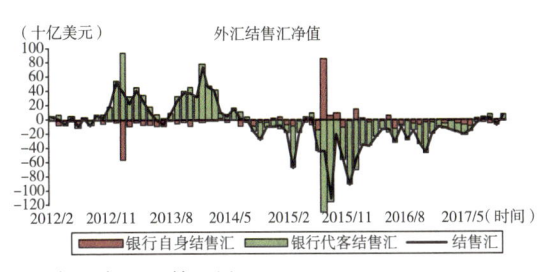

资料来源：外汇局。

附图A.2　对外部门

报告一　中国经济磋商报告

39

2017年财政赤字（赤字相当于GDP比值）与2016年值接近。

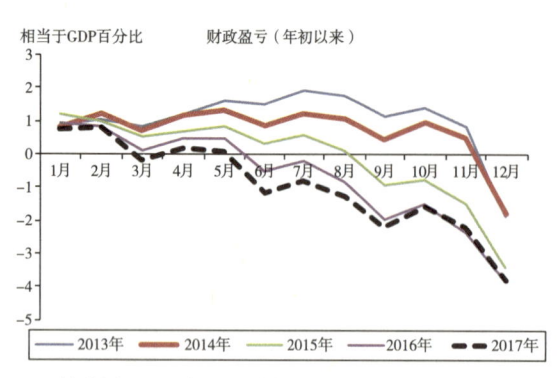

财政预算执行自2014年以来有所改善。

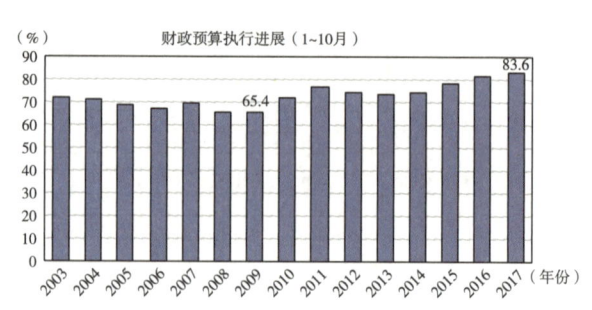

资料来源：中国财政部，AMRO。

资料来源：中国财政部，AMRO。

2017年地方政府的土地出让金收入增长较快。

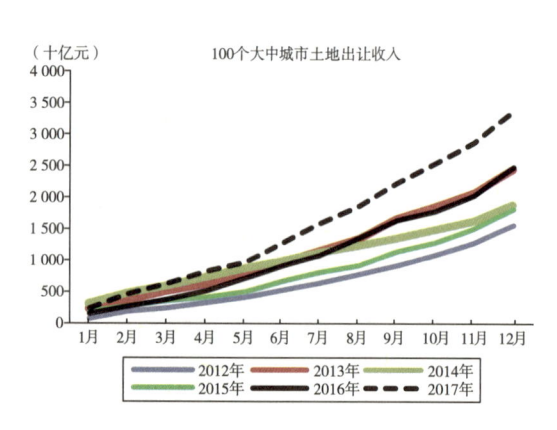

在控制债务增长政策措施等的作用下，债务增速放缓。

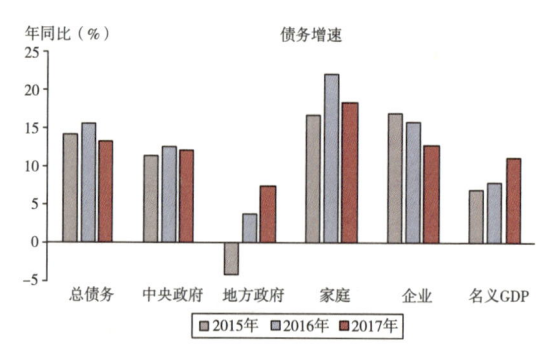

资料来源：万得，AMRO。

资料来源：国家统计局，中国财政部，中国人民银行，AMRO。

附图A.3 财政

消费物价指数涨幅自2017年2月有所回升，但受食品价格低迷的影响总体上仍然处于较低水平。

在2017年2月达到7.8%的峰值后，PPI通货膨胀进一步放缓。

资料来源：国家统计局。

资料来源：国家统计局。

中国人民银行宣布从2018年1月起实施定向降准。

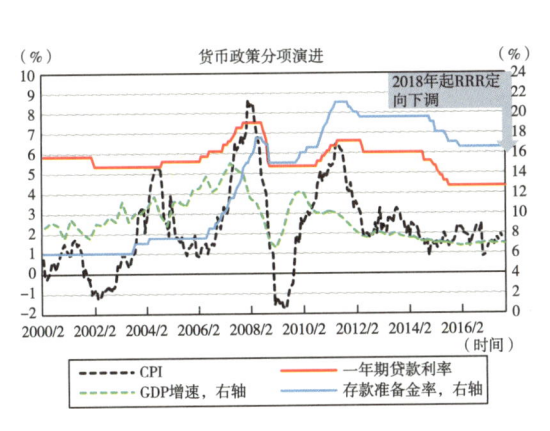

考虑到2017年12月美联储加息等因素，中国人民银行相应提高了逆回购和MLF利率。

资料来源：中国人民银行，国家统计局，AMRO。

资料来源：万得。

中国人民银行继续为金融机构提供流动性以支持基础货币供应。

公司和金融部门的杠杆水平开始下降。

资料来源：中国人民银行，AMRO。

资料来源：国际清算银行，万得，AMRO。

附图A.4 价格及货币政策

与几个季度前相比，不良贷款率持平，而特别关注贷款（SML）率下降。

资料来源：中国银监会。

2017年，由于流动性收紧，债券收益率上升。

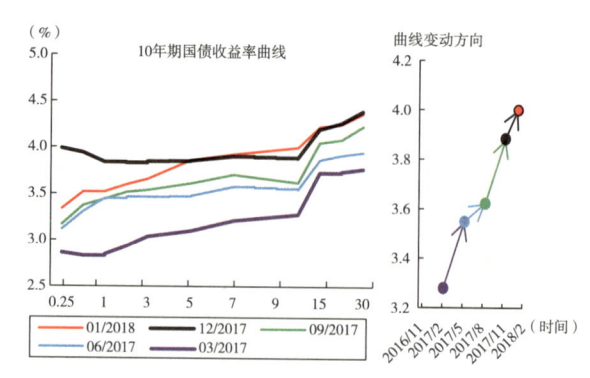

资料来源：中国外汇交易中心，AMRO。

政策措施抑制了金融部门的杠杆增长，并导致金融部门的增长放缓。

资料来源：国家统计局。

2017年，家庭短期贷款的比重大幅增加。

资料来源：中国人民银行，AMRO。

房地产市场的交易有所下降，尤其在一线城市。

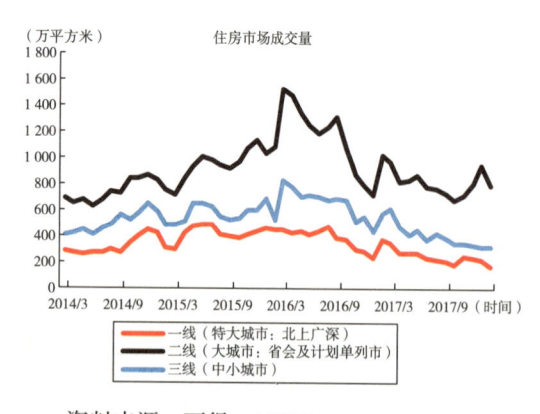

资料来源：万得，AMRO。

库存自2016年以来有所下降，近期投资增长放缓。

资料来源：国家统计局。

附图A.5　金融市场与房地产市场

附录B：主要经济数据表

	2013年	2014年	2015年	2016年	2017年	2018年 预测	2019年 预测
实体部门							
名义GDP（10亿元人民币）	59 524	64 397	68 905	74 359	82 712	90 239	97 954
名义GDP（10亿美元）	9 686	10 449	10 964	11 191	12 250	14 100	15 070
实际GDP增速（%，同比）	7.8	7.3	6.9	6.7	6.9	6.6	6.4
消费（%，年同比）	6.8	6.7	7.8	8.3	7.5	8.1	7.8
固定资本形成（%，同比）	9.0	7.1	6.0	6.0	4.7	4.7	4.6
PMI（制造业）	51.0	50.1	49.7	51.4	51.6		
PMI（非制造业）	54.6	54.1	54.4	54.5	55.0		
就业市场							
新增城镇就业（百万）	13.1	13.2	13.1	13.1	13.5	13.0	13.0
城镇登记失业率（%）	4.1	4.1	4.0	4.0	4.0	3.9	3.9
平均工资（人民币）	51 483	56 360	62 029	67 569	74 325.9		
平均工资增幅（%，同比）	10.1	9.5	10.1	8.9	10.0		
对外部门							
进口（%，同比，根据美元值）	7.8	6.0	-2.6	-6.4	6.7	5.0	4.0
出口（%，同比，根据美元值）	7.3	0.7	-14.4	-5.4	15.9	10.0	12.0
贸易盈余（十亿美元）	261.4	380.1	601.7	547.1	438.0	367.8	220.4
贸易盈余（相当GDP份额，%）	2.7	3.6	5.5	4.9	3.6	2.6	1.5
经常账户盈余（十亿美元）	148.2	236.0	304.2	202.2	136.5	155.1	150.7
经常账户盈余（相当于GDP份额，%）	1.5	2.3	2.8	1.8	1.2	1.1	1.0
金融与资本账户盈余（非储备，十亿美元）	346.1	-51.4	-434.1	-416.4	148.5	42.3	30.1
金融与资本账户盈余（相当于GDP份额,%）	3.6	-0.5	-4.0	-3.7	1.2	0.3	0.2
FDI（十亿美元）	123.9	128.5	135.6	133.7	136.3		
ODI（十亿美元）	107.8	123.1	145.7	196.1	…		
外债（十亿美元）	863.2	1 779.9	1 383.0	1 415.8	…		
外汇储备（十亿美元）	3 821.3	3 843.0	3 330.4	3 010.5	3 139.9		
汇率（平均值，对美元）	6.15	6.16	6.28	6.64	6.75		
货币价格							
M2（%，同比）	13.6	12.2	13.3	11.3	8.1	8.0	7.5
社会融资规模（%，同比）	17.5	14.3	12.6	12.8	12.0		
贷款（%，同比）	13.9	13.3	14.5	12.8	12.1		
贷款利率（一年期，期末，%）	6.0	5.6	4.4	4.4	4.4		
核心消费者价格指数（期平均，%，同比）	2.6	2.0	1.4	2.0	1.6	2.0	1.8
消费者价格指数（期平均，%，同比）	1.7	1.6	1.5	1.6	2.2		
生产者价格指数（期平均，%，同比）	-1.9	-1.9	-5.2	-1.4	6.3	3.0	2.5
财政							
收入（%，同比）	10.2	8.6	5.8	4.5	7.4	6.5	6.3
支出（%，同比）	11.3	8.3	13.2	6.3	7.7	7.0	6.0
收入（相当于GDP份额）	21.7	21.8	22.2	21.5	20.9	20.4	19.9
支出（相当于GDP份额）	23.6	23.6	25.5	25.2	24.6	24.1	25.6
财政盈余/赤字（相当于GDP份额）	-2.0	-2.1	-2.4	-2.9	-2.9	-2.6	-2.7
中央政府债务（相当于GDP份额）	14.8	15.0	15.8	16.1	16.3		
金融与房地产							
上证综指	2 116	3 235	3 539	3 104	3 307		
隔夜SHIBOR（%）	3.15	3.53	1.99	2.23	2.84		
10年期国债收益率（%）	3.86	4.15	3.36	2.87	3.61		
银行资本充足率（%）	12.2	13.2	13.5	13.3	13.7		
不良贷款率（%）	1.00	1.25	1.67	1.74	1.74		
新建住房价格（期平均，%，同比）	5.9	2.6	-3.8	6.2	8.3		
二手房价格（期平均，%，同比）	3.2	1.1	-2.8	5.3	6.9		

注：
（1）数据截至2018年1月26日。
（2）自2005年起外债包括人民币形式外债。
资料来源：国家统计局、财政部、中国人民银行、商务部、人力资源和社会保障部、中国海关、中国银行业监督管理委员会、国家外汇管理局、AMRO估算。

附录C：对监测数据充足性的初步评估

监测标准或主要指标	数据可得性[1]	发布频率/及时性[2]	数据质量[3]	一致性[4]	其他[5]
国民账户	可得	季度GDP，月度CPI和PPI，月度工业生产，月度固定资产投资，月度零售贸易	自2015年以来，中国实施了新的季度GDP核算测算	—	建议发布需求侧的更多实际GDP数据
劳动市场	可得	新增城镇就业季度数据和月度失业数据		—	可进一步提升准确性
国际收支平衡表及对外部门	可得	本季度结束后3个月内发布的季度BOP数据；本月度结束后3~4周内的月度贸易数据。	净误差与遗漏有时数值较大	—	建议发布数据时间缩短
政府预算及债务/外债	可得	本月度结束后3~4周内发布月度财政数据。本季度结束后3个月内发布的季度外债数据。年度结束后6个月内公布年度政府未偿还债务数据。		—	
货币供应及信贷增长	可得	本月份结束后的2~4周内发布月度数据	—	—	
金融部门稳健性	可得	本季度结束后3个月内发布的季度数据	—	—	建议发布数据时间缩短
国有企业数据	部分数据可得	—	—	—	建议定期发布详细数据

注：
（1）数据可得性是指官方数据是否可通过任何公开方式获取。
（2）报告频率是指发布数据的周期；及时性是指发布数据的时长。
（3）数据质量是指定方法下得出的数据准确性和可靠性程度。
（4）一致性是指数据序列本身内部的一致性，以及与同一类别或不同类别的其他数据序列的横向一致性。
（5）其他标准也可能适用，包括且不限于数据充足性的潜在改进领域。
（6）2015年10月，中国宣布采用基金组织的数据公布特殊标准（SDDS），这将有助于改善宏观经济数据质量。

资料来源：AMRO工作人员汇编。该初步评估将构成EPRD数据库的"数据充分性补充评估"。

报告二

中国企业债务：
宏观与行业风险评估

说明：本文作者感谢AMRO主任常军红博士及首席经济学家许和意博士对本文的指导；感谢AMRO顾问委员会成员(Akira Ariyoshi博士、Maria Socorro Gochoco-Bautista博士、Kyung Wook Hur先生、Mohamad Ikhsan博士、卢锋博士及Bandid Nijathaworn博士)给予的有益评论。2017年8月28日，AMRO与清华大学的经济管理学院及中国财政税收研究所、第一财经研究院共同主办了关于中国债务问题的研讨会。AMRO对白重恩教授、曹远征博士、罗平博士、王君教授、温信祥博士和杨燕青博士等中国参会者提出的有益建议表示感谢。本文作者的邮箱地址为：chaipat.poonpatpibul@amro-asia.org, li.wenlong@amro-asia.org, choi.jinho@amro-asia.org, simon.liu@amro-asia.org 及 tang.xinke@amro-asia.org。本文的研究分析基于2017年8月1日前的数据。

免责声明：本报告的发现、解释和结论代表了东盟与中日韩宏观经济研究办公室（AMRO）的观点，并不一定代表其成员政府的观点。AMRO及其成员均不对使用报告信息的后果承担责任。中文版报告根据英文版报告翻译。如有不一致之处，以英文版报告为准。

缩略语

ABS	资产支持证券
AFC	亚洲金融危机
AMRO	东盟与中日韩宏观经济研究办公室
BIS	国际清算银行
bps	基点
CASS	中国社科院
CBRC	中国银行业监督管理委员会
CCDC	中国结算公司
CSRC	中国证券业监督管理委员会
CTA	中国信托业协会
DAMPs	定向资产管理计划
EBIT	息税前利润
EME	新兴市场经济体
FCY	外汇
GDP	国内生产总值
GFC	国际金融危机
ICOR	增量资本与产出比率
IMF	国际货币基金组织
LGFV	地方政府融资平台
NBS	中国国家统计局

NCDs	大额可转让定期存单
NFC	非金融企业
NPL	不良贷款
PBC	中国人民银行
PPP	政府和社会资本合作
RMB	人民币
SOEs	国有企业
TBRs	信托收益权
WMP	理财产品
USD	美元
yoy	年同比
YtD	年初至今

摘 要

根据我们的估计，中国企业债务—GDP比率在2016年为155%。 从总债务—GDP比率看，中国在主要经济体中不是最高的，但中国企业债务—GDP比率以及企业债务占总债务比率在主要经济体中均是最高的。

企业债务快速增长的主要原因包括结构性因素、制度性因素以及国际金融危机期间与刺激经济有关的周期性因素。 这些因素中大多都与当前中国经济和金融发展阶段有关，具有中国特色，包括中国的高储蓄率、与债务融资相比发展滞后的股权融资、对国有企业（SOEs）的隐性担保和全球金融危机后对经济刺激而形成的以投资为主导的经济结构。

企业融资的主要来源是银行贷款，但企业也越来越多地利用企业债券和影子银行来融资。 随着监管趋严和利率上升，目前的企业债务融资结构可能还会发生进一步的变化。

债务集中在以投资为导向增长模式的行业。 这些行业在企业债务总额中占据相当大的份额，包括制造业（20%）、房地产业（15%）、公用事业（14%）、建筑业（12%）和交通业（12%）等。

近期各行业的债务增长速度逐步放缓，但企业债务—GDP比率仍在继续上升，主要是因为债务增长速度仍略高于名义GDP增速，这在公用事业、交通业、房地产业和建筑业等尤为突出。 一方面，这些行业的债务—产出（VA）比率非常高且仍在继续增长。但另一方面，中国企业的整体债务—资产比率（杠杆）水平却没有上升，而是在大部分行业中保持稳定。这是因为企业在业务扩张和升级的过程中，资产随着债务同步增加。由于产出的增长仍落后于债务增长，企业的盈利能力和债务偿还能力受到影响。

采掘业、钢铁、房地产业和国有制造类企业是企业部门相对薄弱的环节，主要表现是利润减少和债务偿还能力下降。 在流动性风险方面，有迹象表明企业更多依靠短期债券和影子银行贷款来进行短期融资。

虽然银行业总体在薄弱行业的风险敞口不高，但与大型银行相比，中小银行风险敞口则高很多。 与大型银行相比，中小银行的贷款更多集中于房地产业、建筑业、采掘业和批发零售业。通常来说，银行与企业债务相关的风险敞口不仅以银行贷款方式存在，而且也包含影子银行和持有的企业债券。通过上述渠道，银行业对薄弱行业的放贷规模较大且仍在继续增长。

中期来看，需要采取协同措施以控制企业债务—GDP比率和减少企业部门及金融体系面对的风险。 考虑到服务业产出大且不易积累大量债务，服务业的蓬勃发展将成为降低企业债务—GDP比率的一个主要因素。但考虑到还有一些行业相对薄弱，中国政府应采取措施限制薄弱行业的债务增长。

我们使用了区分国有企业和私营企业不同特点的债务增长模拟模型。 其结果显示，为在中期内降低企业债务—GDP比率，需要采取全面结构性改革措施，提高投资效率。而为实现更高的资本（使用）效率，中国政府需要进一步推动去产能的进程。

进一步深化资本市场将有助于为企业提供更多的股权融资渠道，减少企业对债务融资特别是对银行借款的依赖。 以市场化、法制化为导向的债转股可以优化并减少存量债务。同时应进一步发展资产支持证券（ABS）市场来减少对影子银行的依赖。同时，完善市场机制，例如允许违约发生将有利于抑制债券的过度发行，促使企业更加规范地配置资金。

部分金融机构对薄弱行业的敞口较大，必须加强其缓冲能力，以降低金融稳定的风险。 为控制表外融资及与银行同业借贷相关的风险行为，中国政府加强了监管并实施宏观审慎评估体系（MPA），这是一个正确的政策方向。银行应利用压力测试，以识别对薄弱企业信贷而产生的潜在损失。监管机构应要求风险高的银行提高资本金并改善流动性。

在鼓励过剩产业的企业剥离过剩和落后产能时，需要运用足够的财政资金来支持易受影响的员工。 同时，当前应继续保持控制房地产债务增长的宏观审慎措施。对地方政府融资平台应提高透明度和建立全面问责机制。同时必须继续推动政府和社会资本合作（PPP）融资的发展及帮助降低公用事业、交通业和建筑业的债务—产出比率。

最后，进一步完善企业和金融行业数据体系对开展广泛和有效的风险评估和监测至关重要。需要优先考虑的一个问题是如何整合各类数据，建立覆盖各行业的综合性企业债务数据库。考虑到目前信贷结构的复杂性与相关数据的不足，需要加强和协调相关部门的力量来完善影子银行活动的数据。

1. 引言

国际金融危机爆发之后，中国迅速加大投资以支持经济增长，这使得中国非金融企业债务（以下简称"企业债务"）[1]升至历史高位，引发各方对由此引起的宏观经济和金融稳定风险的关注。大多数研究者认为，2008~2009年，中国采取大规模经济刺激措施，通过银行对国有企业的贷款及设立地方政府融资平台来进行融资，推动了中国企业债务的增长。尽管债务上升的幅度最近有所放缓，但仍在继续增长。由于企业债务增速超过名义GDP增速，企业债务—GDP比率将在中期内保持在较高水平，这引发了各方的关注。债务水平高、产能过剩和投资效率低将会长期影响企业盈利能力和偿债能力，使得企业在面对来自实体经济及金融方面的冲击时较为脆弱，并可能对金融系统造成负面影响。

本文分析由中国企业债务增长所引发的宏观和行业风险，并提供相应的政策建议。目前已经有很多关于中国企业债务的研究（见附件A中的文献综述）。但是，这些研究在估计企业债务—GDP比率及对其未来轨迹的预测方面存在着巨大差异，这将影响其政策建议。在行业层面，例如Chivakul和Lam（2015）以及张等（2015）的研究表明，中国上市企业总体没有出现过度债务，但是房地产业、建筑业以及国有企业却存在许多薄弱环节。本文评估了中国目前企业债务情况，也分析了其对银行的影响，希望这对政策制定者来说有一定参考意义。与以往研究相比，本文使用来自宏观和微观层面的各种数据，应用若干分析工具，并进一步拓展现有研究成果来回答以下问题：

- 企业债务的总体水平及结构如何？企业债务增长的主要因素是什么？
- 哪些行业推动了总体企业债务的增长？这些行业是不是薄弱行业？
- 哪些信贷部门对薄弱企业有着比较高的风险敞口？这对银行业稳定性有什么影响？
- 企业债务—GDP比率在中长期内将有哪些可能的发展趋势？
- 何种政策可以消除薄弱行业的风险并降低企业债务—GDP比率？

本文旨在回答以上问题，具体由六部分组成。在引言之后，第2章从国际比较视角，评估了中国总体债务和企业债务的水平，提供了AMRO对中国企业总体债务水平及结构的评估情况。借鉴其他研究成果，本文也讨论了企业债务增长的驱动因素。第

---

[1] 本文所指债务是指付息债务，例如银行贷款和债券。非金融企业债务包括家庭债务、企业债务、地方和中央政府债务。家庭债务指家庭举借的债务。企业债务指非金融企业负担的债务，不包括金融机构如银行和保险企业的债务。中央政府债务指中央政府举借的债务。地方政府债务指省级政府和计划单列市举借的债务。

3章分析不同行业对企业债务增长的贡献，从行业层面审视企业债务的薄弱点，并重点讨论不同行业的债务水平和分布，以及主要的财务指标。第4章分析不同融资渠道对企业债务的融资情况并讨论其对银行业稳定性的影响。我们在第5章构建简单的局部均衡双行业（国有企业与私人企业）模型，对企业债务进行模拟预测分析，并讨论了有助于控制企业债务—GDP比率的措施。最后，我们在第6章提出相关政策建议。

2. 总论

2.1 国际比较

中国总体债务水平[2]低于主要发达经济体，但高于大多数新兴市场经济体(EMEs)。 根据国际清算银行数据，中国整体债务—GDP比率与主要经济体接近。截至2016年底，中国总体债务—GDP比率为269%，高于235%的全球平均水平。中国总体债务—GDP比率低于大多数发达经济体，接近美国的整体债务水平（如图2.1所示）。但是在主要新兴市场经济体中，2016年底中国总体债务—GDP比率几乎是最高的。

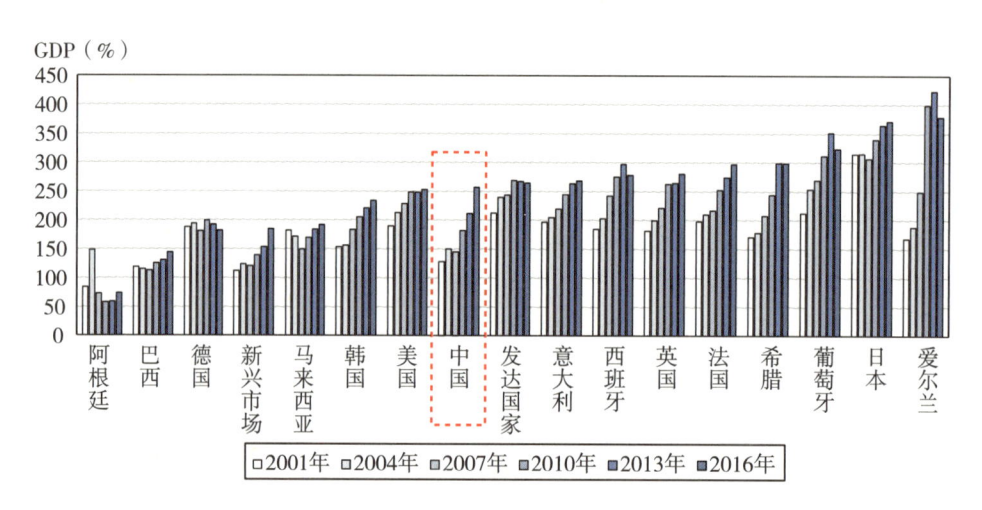

图 2.1 各经济体总体债务—GDP比率

资料来源：BIS、AMRO。

与其他国家相比，中国企业债务在总债务中的占比是最高的。 一方面，国际清算银行的数据表明，2016年底中国企业债在非金融总债务的占比高达65%，这在发达经济体和新兴市场经济中是最高的。另一方面，中国一般政府债务和家庭债务却低于大多数其他国家（如图2.2所示）。从企业债务—GDP比率来看，中国也几乎是最高的，仅低于爱尔兰。从企业债务绝对规模看，中国处于最高水平（如图2.3所示）。

---

[2] 这里指非金融企业的债务，不包括金融机构之间的债务。

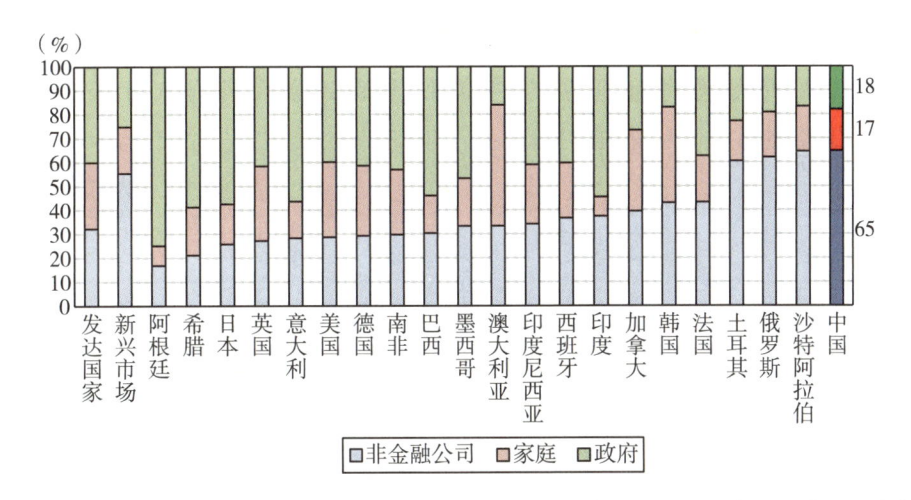

图2.2 主要发达和新兴市场经济体：不同类型债务（截至2016年底占总债务比率）

资料来源：BIS、AMRO。

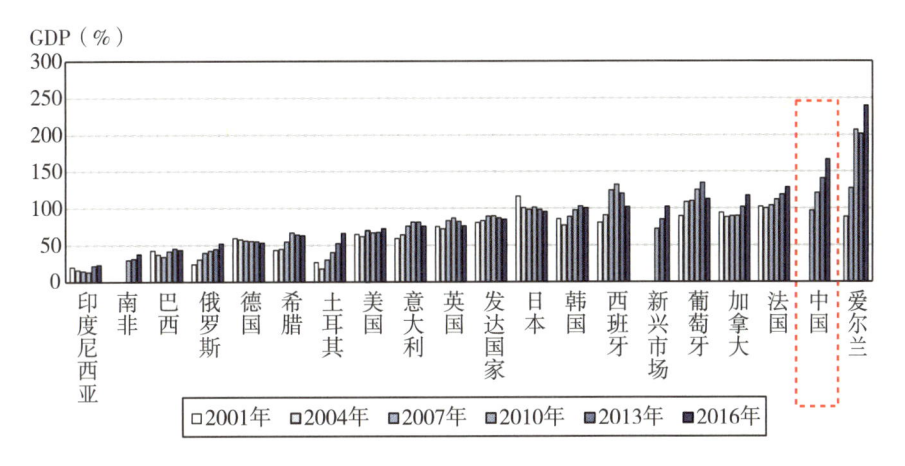

图2.3 各经济体企业债务—GDP比率

资料来源：BIS、AMRO。

但是，不同研究对中国企业债务水平的预测有着很大差异。 图2.4概括了中国企业债务—GDP比率的不同估值，它们处于相当于GDP的120%~180%范围内。这些估值差异较大，主要是因为其对地方政府融资平台（LGFV）债务[3]的纳入程度不同[4]。由于贷款（除家庭部门）和影子银行贷款的借款者为企业和地方政府，因此我们估算时根

---

[3] LGFVs是指地方政府融资平台，它是为了政府的利益代表政府借款，或者是由政府提供担保进行融资经营。

[4] 摩根斯坦利、国际清算银行、彭博和中国社科院将地方政府融资平台债务视作企业债务，因为官方数据仅公布社会融资总额（TSF），包括非家庭银行贷款和非家庭影子银行贷款，但没有非金融企业的银行贷款和影子银行贷款的数据。麦肯锡和渣打从企业债务总额中扣除地方政府融资平台债务，使得其预测的2015年企业债务总额要低得多。但是，他们预测的企业债务总额被低估了，因为作为地方政府融资平台一部分的地方政府债券，也被从社会融资总额中扣除了。

据一些假设把这些贷款在企业和地方政府中做了相应的再评估分配（评估过程请参见附录B），由此估计的非金融企业债务—GDP比率在2015年和2016年分别为144%和155%，处于图中各种估计值的中间范围。

图2.4 不同研究对企业债务的估算（截至2015年4季度）

注：地方政府融资平台的定义在不同研究中有所不同，"?"表示未知。
资料来源：摩根斯坦利、BIS、彭博、社科院、IMF、麦肯锡、渣打银行、AMRO。

2.2 中国债务总额和企业债务的近期发展

中国总债务迅速增长的主因是企业债务和家庭债务而不是政府债务。2010年以来，家庭债务在各种债务中增速最快，这主要是由于住房抵押贷款的快速增长。一方面，由于企业债务与总债务的增长基本同步，所以2010年以来，企业债务在总债务中的比重基本稳定。另一方面，地方政府债务在2014年之前增长迅速，但从2014年开始，由于中央政府采取了更严格的债务管理，地方政府债务增长放缓。鉴于中央政府对发债态度谨慎且在中央政府层面实现了持续财政盈余，中央政府债务占总债务的份额逐年下降（如图2.5、图2.6所示）。

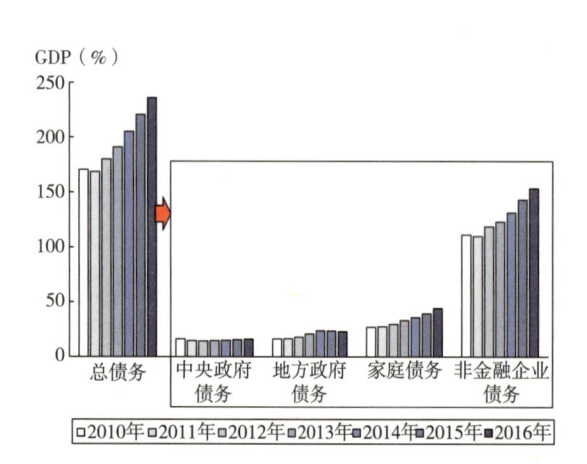

图2.5 非金融总债务—GDP比率

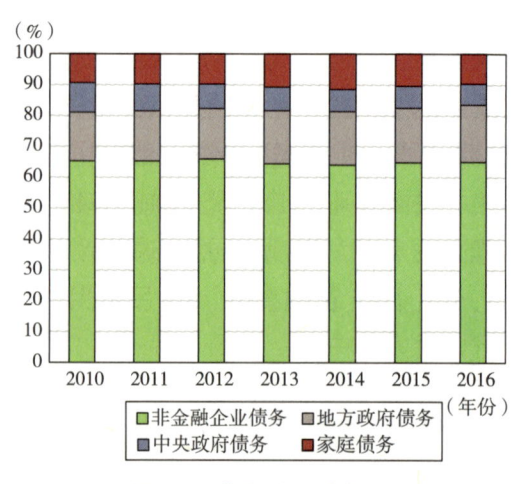

图2.6 非金融总债务结构

资料来源：中国财政部、中国人民银行、彭博、AMRO。　　资料来源：中国财政部、中国人民银行、彭博、AMRO。

在企业债务中,企业债券和影子银行的占比持续增长。 虽然银行贷款仍然是企业债务最重要的融资来源，但其在企业债务中的占比已逐步下降（如图2.7、图2.8所示）。另一方面，由于中国政府大力发展债券市场，鼓励直接融资并降低企业融资成本，企业债券在企业总债务中的占比上升。影子银行的占比在过去几年也呈上升趋势，这是因为：（1）对于企业来说，虽然影子银行的利率更高，但其更具灵活性，因此更受欢迎；（2）对于投资者来说，影子银行相关的投资产品也可以提供更高的收益。另外，由于2010～2014年人民币对美元汇率走强，境外贷款在企业总债务中的占比也逐步增长。但是随着2015年8月人民币贬值，同时由于国内债券市场快速发展，境外贷款的占比在近期基本保持稳定。图2.9概括了2016年企业债务和地方政府债务的结构和融资渠道。地方政府融资平台举借了不少企业债务，我们估计这个规模大致相当于GDP的12%～18%[5]，其工具为企业贷款、影子银行贷款或债券。

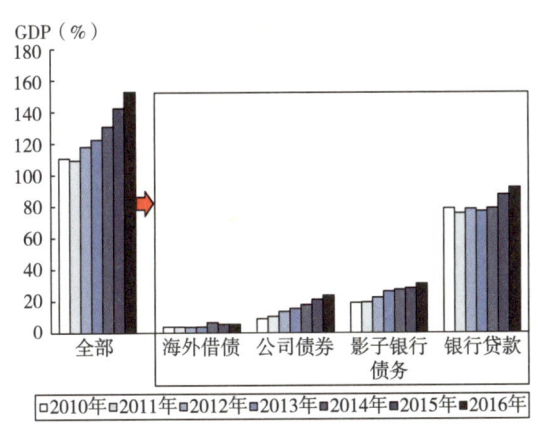

图2.7 非金融企业债务—GDP比率

资料来源：中国财政部、中国人民银行、彭博、AMRO。

图2.8 非金融企业债务结构

资料来源：中国财政部、中国人民银行、彭博、AMRO。

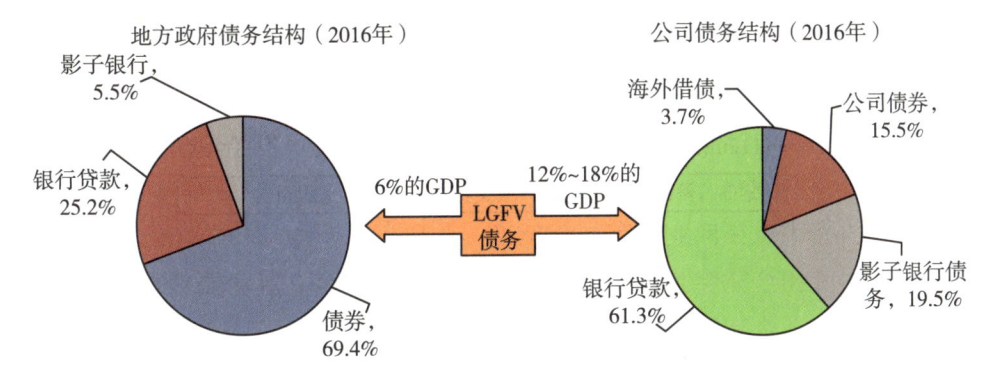

图2.9 地方政府融资平台举借的企业债务及地方政府债务

资料来源：AMRO、IMF、社科院。

---

[5] 这个数值范围是从IMF及中国社科院对地方融资平台债务估计中扣减得出，具体计算方法参见附录B和附录C。

由于监管趋严，利率上升，企业债务融资渠道的结构将发生变化。虽然近年来影子银行融资的占比有所增加，但随着对影子银行和银行表外业务监管的加强，影子银行的占比可能会下降。同时，受中国人民银行流动性的调节和美联储加息的影响，市场利率上升，这对债券市场造成一定的负面影响。而在监管趋严和利率上升的环境下，预计银行贷款（特别是大型银行贷款）受到的影响相对较少，其份额在短期内可能会增加。但从中长期看，直接融资包括债券融资的份额可能会进一步增加，而银行贷款的份额相应会有所下降。

2.3 驱动企业债务增长的因素

导致企业债务快速增长的原因包括结构性因素、机制性因素与在国际金融危机期间一系列刺激措施的周期性因素。一些学者已对这些因素进行了详细的研究，例如Chivakul和Lam（2015），张文朗等（2015），余永定和陆婷（2016）。根据这些研究，本文将驱动企业债务增长的因素分为以下几方面：

国际金融危机爆发后的刺激措施和其他机制性因素。国际金融危机爆发后，对国有企业和工业的信贷是刺激经济的一个主要方式。此外，机制性因素（例如隐性担保[6]）也助长了国有企业债务的上升。虽然刺激措施推动了基础设施、房地产和重工业投资显著的增长，并使得经济保持了较高的增长速度，但由于大量国有企业的经营效率和竞争力相对较低，对资本的使用效率和利润有所下滑[7]。有鉴于此，国际金融危机爆发后，与其他主要经济体相比，中国的信贷—GDP比率的缺口扩大了（如图2.10所示），增量资本—产出比率（ICOR）[8]也有所恶化（如图2.11所示）。尽管利润大幅下降（如图2.12所示），但由于一些国有企业和产能过剩的工业企业负有支持经济增长及相关社会责任，所以仍可以继续通过信贷和其他方式进行融资来维持生产。

在股权融资市场不发达的情况下，高储蓄带来了高债务融资。中国是全球储蓄率最高的国家之一，储蓄相当于GDP的一半（如图2.13所示）。但是，与债权市场相比，股权市场发展相对滞后，储蓄资金对股权投资的意愿较低。因此，国际金融危机爆发以后，中国的企业依然严重依赖债务融资。虽然股票市场（股权市场的一个重要部分）

---

[6] Chivakul和Lam（2015）发现，在全球金融危机前，国有企业的借款成本比私有企业低超过20个基点。Zhang和Han（2015）的研究显示，与私有企业不同，国有企业融资成本低，主要由政府提供隐性担保支持。张文朗等（2015）发现在诸如钢铁、煤炭、船运、电解铝和水泥等产能过剩行业的国有企业融资成本相当低，这推动了国有企业杠杆的上升。余永定和陆婷（2016）研究表明，中国企业债务的上升归因于三个主要因素：资本效率下降、企业盈利能力下降和高融资成本。

[7] 在2008~2016年，国有企业债占总债务的比例超过50%，但是国有企业对经济增长的贡献平均只有20%。

[8] 增量资本产出率是衡量一个国家投资效率的主要经济指标，它反映了增加经济产出所需要的投资增量，即投资与经济产出增量之比。增加产出所需的投资越低越好，因为这意味着更高的投资效率。它的计算公式是：ICOR=年度资本增量/年度GDP增长额。

发展迅速（其市值在2017年9月达到了7.7万亿美元）且股票融资在总融资中的份额近年来不断增加，但总体上股票市场的融资规模仍然相对较小（如图2.14所示）。

图2.10 信贷—GDP比率的缺口

资料来源：BIS。

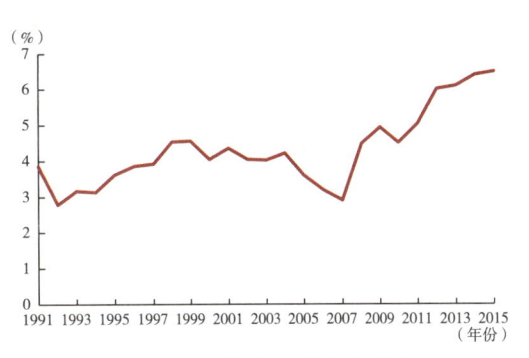

图2.11 增量资本—产出比率（ICOR）

资料来源：CEIC、AMRO估计。

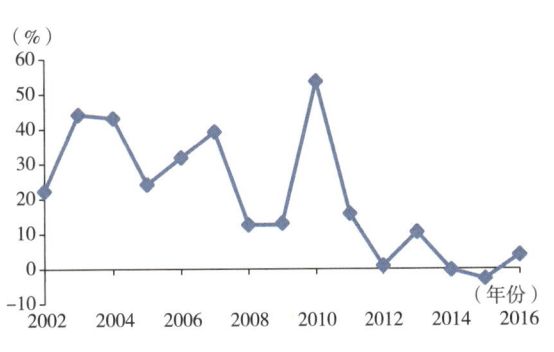

图2.12 工业企业的总利润增长

资料来源：CEIC。

图2.13 储蓄率

资料来源：世界银行。

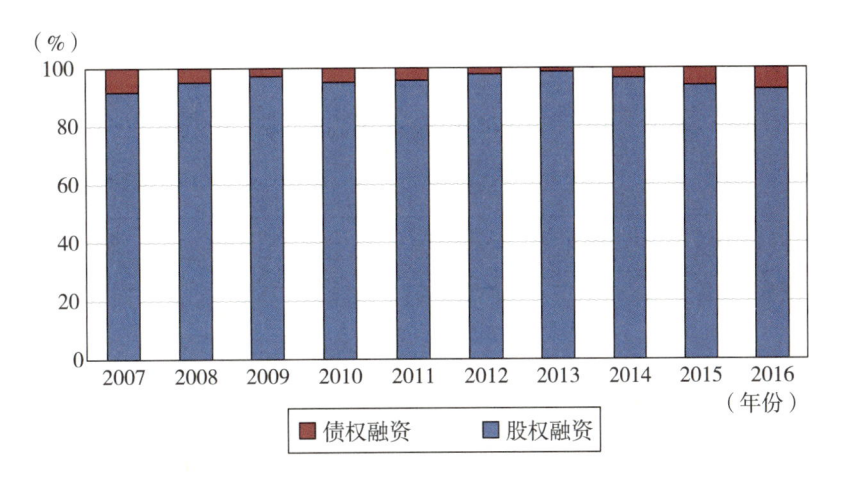

图2.14 中国社会总融资的新增部分

注：债务包括人民币和外币贷款、企业债券、银行承兑汇票、委托贷款和信托贷款；股权融资是指非金融企业的股权融资。

资料来源：CEIC。

快速的城镇化依赖大量债务融资来开展基础设施和房地产建设。根据世界银行数据，中国的城镇化率由2005年的43%增加至2016年的57%，这比大多数其他经济体的城镇化进程快得多（如图2.15所示）。中国住房和城乡建设部估算，2010~2025年，农村地区将有3亿人口迁移到城市。快速的城镇化需要庞大的基础设施和房地产投资来支持。除财政资金外，大部分资金需要通过企业借款的方式来融资。

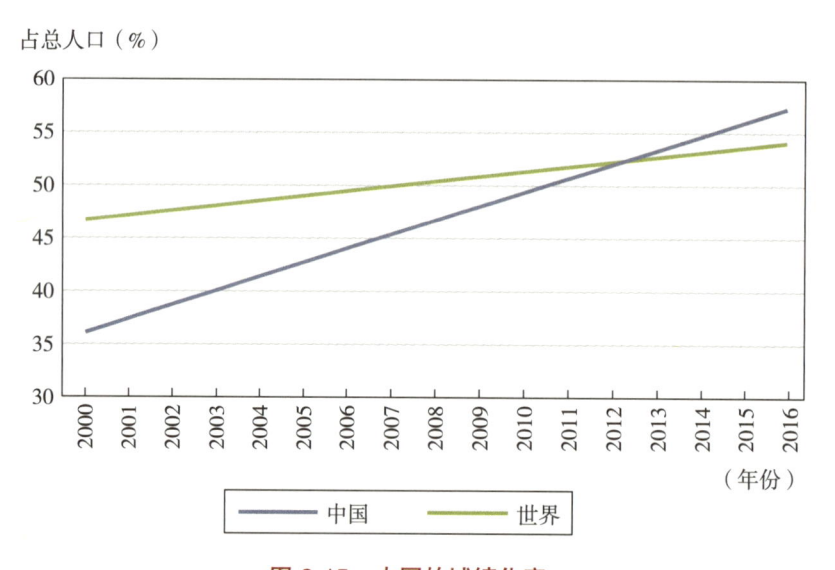

图2.15 中国的城镇化率

资料来源：世界银行。

3. 行业风险评估：债务集中度和债务风险

为评估中国企业的风险点，本部分将讨论每个行业的债务规模和其潜在风险。本节旨在回答以下问题："企业债务集中在哪些行业？"，"从债务—产出比率看，哪些行业有较高的债务负担？"，"哪些行业的偿债能力和流动性不足？"。在本节中，我们把企业分为制造业、采掘业、房地产业、建筑业、交通运输业、公用事业和服务业七大行业[9]，此行业分类是在中国证监会（CSRC）分类基础上进一步的归纳总结（见附录C：行业分类）[10]。

每个行业的债务金额是通过各种来源的微观层面和宏观层面的信息汇总估计。如上一章所述，企业通过银行贷款、境内债券市场[11]和影子银行贷款获得融资。所以本文从万得、彭博、中国人民银行、中国银行业监督管理委员会、中国信托业协会、银行财务报表等各渠道收集资料，然后将每个行业的企业债务根据这些融资来源分别进行估算和汇总。附录D对数据来源、估计过程和相关假设做了详细说明。

3.1 企业债务的行业集中度

企业债务都集中在哪些行业？

企业债务集中在投资主导型增长模式下的行业，包括公用事业、运输、房地产、建筑和制造业。根据我们的估计，如图3.1所示，公用事业和运输企业的债务占总债务的26%，这涉及铁路、公路、桥梁、水利、环境工程和发电站等大型基础设施项目。房地产和建筑业的债务数额也很大。各个行业在总债务中的份额与它们在GDP（产出）中的份额差异很明显，如图3.1和图3.2所示。

---

[9] 我们认为这种分类将有助于进一步的分析。本文排除了行业分类模糊或难以归类的企业债务，另外，"农林牧渔业"部门的债务也被排除在外，因为这个行业债务数额很小，不是本文的重点。

[10] 本文也排除了"租赁和商业服务"这个行业，因为这一行业具有与金融服务相似的特征，而与一般的非金融企业行业有所差别。

[11] 由于离岸债券融资规模小（占GDP的3.5%左右），同时其行业分类与境内债券又不大一样，因此本章内容暂不包括这些债务。我们将在专栏A对离岸债券融资和风险进行专门讨论。

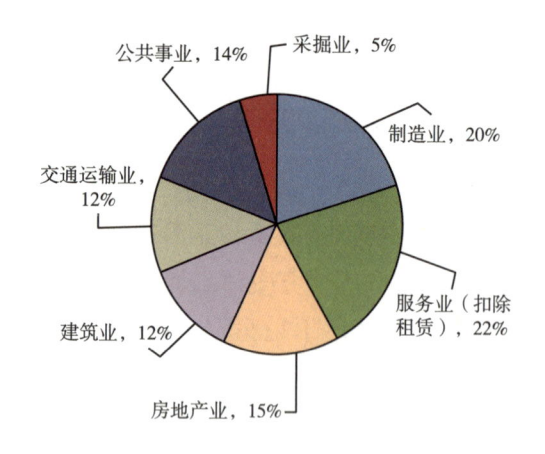

图 3.1 企业债务的行业分布（2016年）

资料来源：万得、中国人民银行、银监会、中国信托业协会和AMRO估计。

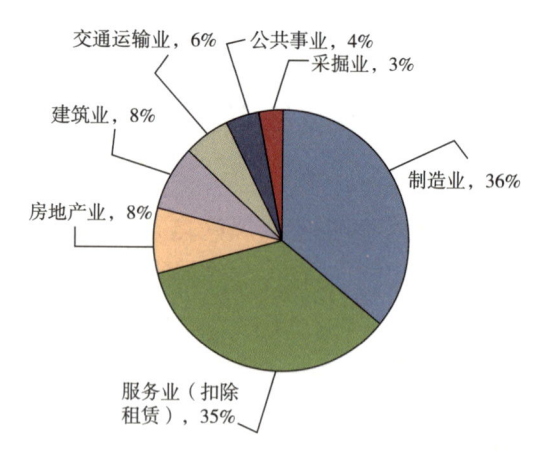

图 3.2 GDP的行业分布（2016年）

资料来源：国家统计局和AMRO估计。

工业部门中国有企业占企业债务的比重很大。根据国家统计局的数据，截至2016年，国有企业债务占工业债务总额的42%（如图3.3和图3.4所示）。虽然我们无法估计国有企业在非工业部门的债务份额，但一些证据表明，在公用事业和运输行业中，国有企业占主导地位，其负债也高于私营部门的负债。

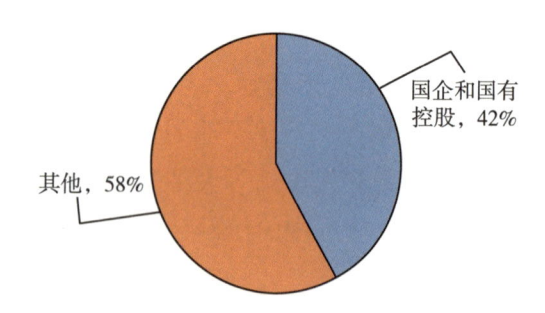

图 3.3 工业企业债务按照所有制的分布（2016年）

注：工业部门包括制造业、采掘业、电力、天然气和水务（公用事业的一个子行业）和建筑业。

资料来源：国家统计局。

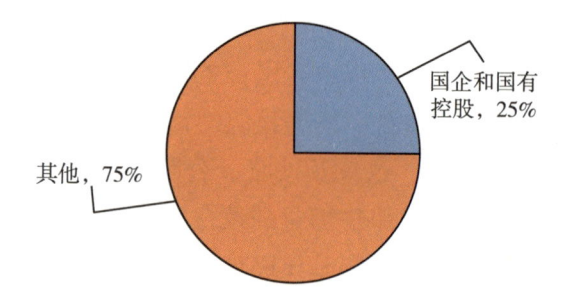

图 3.4 工业企业产出按照所有制的分布（2016年）

注：工业部门包括制造业、采掘业、电力、天然气和水务（公用事业的一个子行业）和建筑业。

资料来源：国家统计局。

3.2 企业债务风险评估

3.2.1 各行业债务—产出（增加值）比率

公用事业、交通运输、房地产和建筑业的债务（如图3.1所示）要大大高于其产出（如图3.2所示）。国有企业只占总工业产出的25%（如图3.4所示），而从债务—产出比率来看，国有企业是非国有企业的两倍，这是由于国有企业使用债务的效率较低。

随着房地产业的繁荣以及基础设施建设的加快，公用事业、交通运输、房地产、建筑和采掘业的债务增长迅速，超过其产出[12]的增速（如图3.5和图3.6所示）。在债务—产出比率较高的情况下，如果这些行业未来无法增加产出和收入，一些企业可能面临偿债困难。相对而言，中国的制造业似乎更高效地利用了信贷—制造业的债务占企业债务的份额为20%，而其产出却占到GDP的36%。同时，服务行业的产出较高而债务较低。

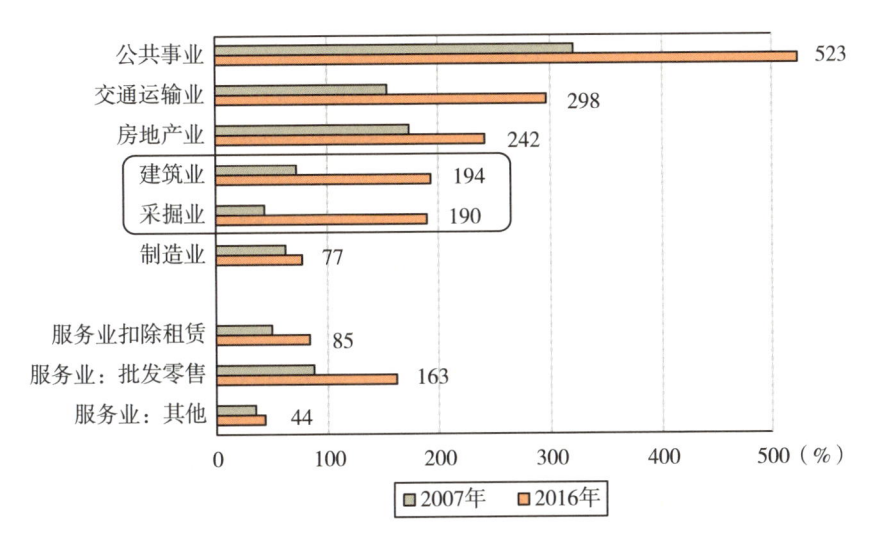

图3.5 债务—产出比率

资料来源：国家统计局、万得、中国人民银行、中国银监会、中国信托业协会和AMRO估计。

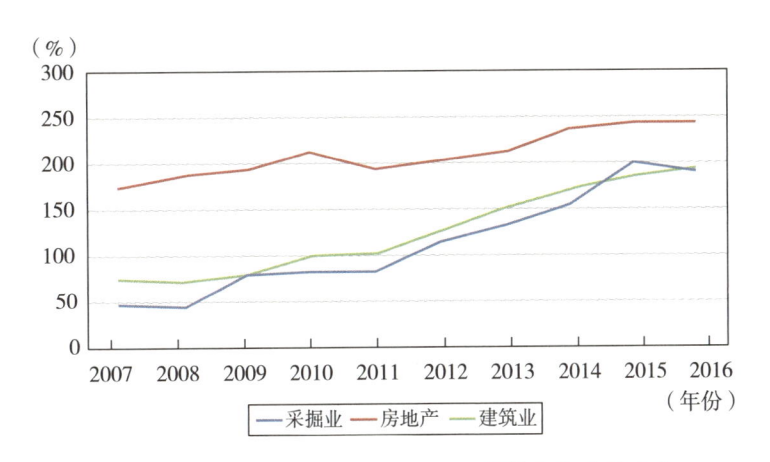

图3.6 债务—产出比率：采掘业、建筑业和房地产业

资料来源：国家统计局、万得、中国人民银行、中国银监会、中国信托业协会和AMRO估计。

---

[12] 产出指的是这个行业的名义GDP。

2008年以来的大规模刺激计划推动了与基础设施相关行业的负债率快速增长（如图3.7所示）。2009年和2010年，为应对经济下行风险，中国实施了一系列刺激经济的计划，其部分融资来源是地方融资平台以地方债务名义举借及支出的资金（见Bai、Hsieh和Song，2016）。在经济刺激计划结束之后，这些地方融资平台的债务仍然继续增长。

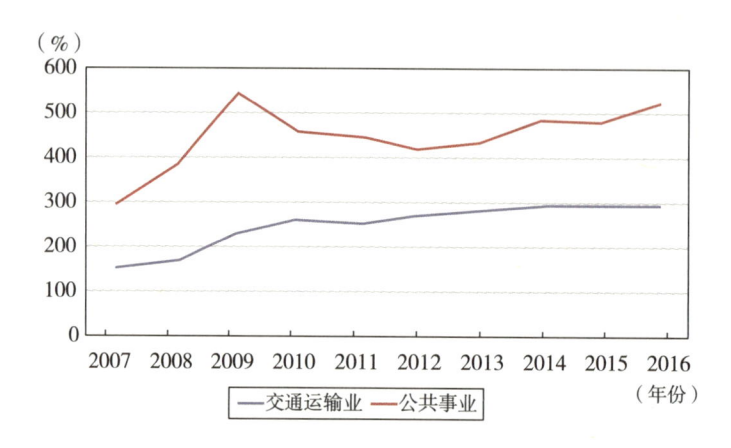

图3.7 债务—产出比率：公用事业与交通运输业

资料来源：国家统计局、万得、中国人民银行、中国银监会、中国信托业协会和AMRO估计。

中国快速的城镇化进程等因素也使得与基础设施相关的行业债务—产出比率维持在高水平。中国需要实施庞大的基础设施项目来实现快速的城镇化，这个过程无疑需要大量融资，尤其是债务融资。不过，在统计这些行业的产出时，并没有考虑其对经济的间接贡献，这样，这些行业的债务—产出比率可能被高估了。当然，在某些情况下，一些较小城市的基础设施项目过剩，未能充分利用，这降低了回报率，削弱了债务偿付能力。

制造业和"其他服务"行业的债务—产出比率处于低至中等的水平。制造业的债务—产出比率从2007年的62%逐渐升至2016年的77%，远低于上述行业。在服务业中，批发零售业的债务—产出比率高达163%，这是因为包括国际贸易在内的批发贸易需要相当大的贸易融资；而且对零售贸易贷款也随着金融深化的进程而增长[13]。剔除批发和零售贸易后，"其他服务"行业的债务—产出比率在44%，处于较低水平。这可能部分是因为这个行业的企业（包括医疗保健、软件工程、科学研究以及娱乐和教育方面的企业）无足够抵押品用于举债，而更倾向于依靠股权融资。

近年来，各行业债务增幅有所放缓，但仍超过其产出增幅，这在公用事业、交通运输、房地产和建筑业尤其如此。图3.8显示了2007～2016年各行业对总债务增长和GDP增长的贡献。总体来说，自2011年以来，大部分行业的债务增幅放缓，同时其产出（名义GDP）的增幅也在放缓。然而，由于2015～2016年房地产市场的升温，房地

---

[13] 在零售贸易行业，部分借款人是向小银行借款的中小企业和微型企业。

产业的债务增幅较大。同时，基础设施仍是经济增长的重要支柱，对其投资持续增长，这也使得该行业的债务增长相对较快。

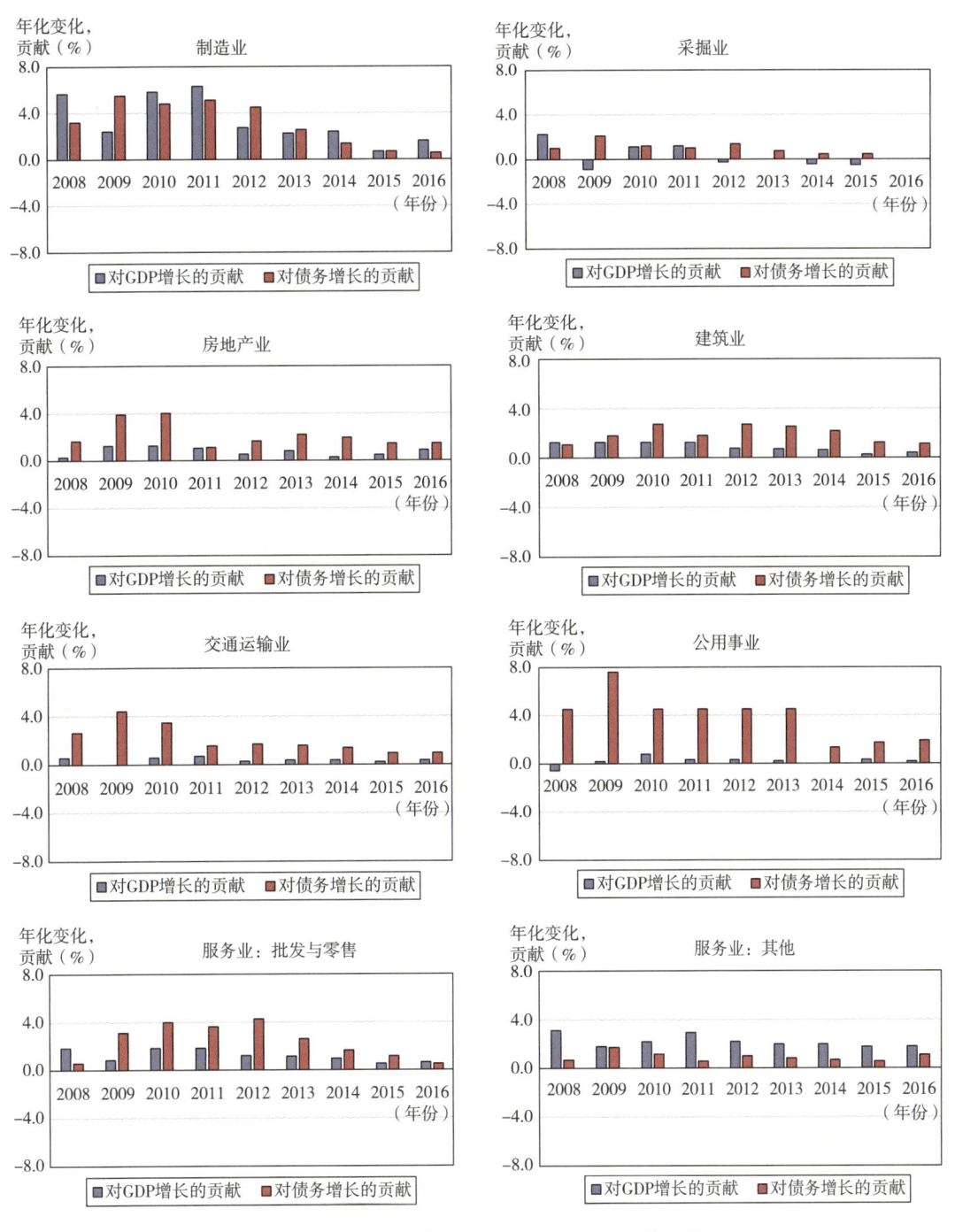

图3.8 各行业对经济增长与总债务增长的贡献

资料来源：国家统计局、万得、中国人民银行、中国银监会、中国信托业协会和AMRO估计。

另一方面，制造业对GDP和对债务的增长贡献大致相同，而"其他服务"行业的发展则缓解了总体债务—产出比率的上升。与2011年的高峰相比，制造业对名义GDP

增长的贡献下降，而其对债务增长的贡献也几乎同步下降。随着中国经济增长越来越多地由消费驱动，与"新经济"相关的"其他服务"行业一直在迅速增长，在"其他服务"推动GDP增长的同时，其对债务增长的贡献有限，所以这个行业的发展有助于抑制债务—产出比率的上升。

3.2.2 企业层面的偿债能力和流动性指标

我们通过企业层面的偿债能力和流动性指标来评估企业债务。在具体评估中使用2008～2016年的三种不同的企业数据[14]：（1）国家统计局调查的中国工业企业数据；（2）万得中国上市公司数据；（3）全球企业中被标准普尔评级的企业数据。附录E显示了这些数据源的样本量。我们的分析以国家统计局数据为主要依据，这是因为其样本规模大，涵盖了上市企业和非上市企业[15]。我们也使用来自万得的上市企业数据，因为其涵盖了更多的财务指标，可以补充我们的分析，并将标准普尔评级为BB的全球企业作为一个比较参考。这是因为就中国企业平均水平而言，相对于其他评级来说，被标准普尔评为BB的企业更具普遍性及可比性[16]。我们用这三个财务指标来观察偿付能力，这些指标是杠杆（负债—资产比率）[17]、利润率[18]和利息覆盖率[19]。此外，我们还分析了不同行业的不良贷款率。关于流动性指标，我们考察了新发行的企业债券的平均期限和上市企业所持有的现金水平。

高负债行业是否偿债能力较低？

在工业部门中，国有企业的偿债能力要低于非国有企业。国家统计局数据显示，与非国有企业相比，国有企业的负债—资产比率较高（如图3.9所示），（毛）利润率（如图3.10所示）和债务偿还能力较低［按照利息覆盖率计算（如图3.11所示）］。另

---

[14] 我们分析的时间跨度集中于全球金融危机爆发期间和之后的时间，主要是因为该期间企业债务迅速增长。

[15] 这样分析的缺点是由于国家统计局（NBS）数据所体现的企业层面的财务信息有限，不能将NBS的数据与其他数据源进行多角度的财务指标比较。

[16] 从2010～2015年，标普评级中的BB级和BBB级企业的年化违约率分别为0.19%和0.01%；而从1981～2015年，BB级和BBB级企业的年化违约率分别为0.93%和0.21%。鉴于BBB级企业的历史违约率极低，对于一般中资企业而言，BB级的企业将比BBB级的企业更具相关性和参考性。另外，由于标普评级中的B级企业数量远低于BB级的数量，所以用B级的企业做参照样本也不具代表性。有鉴于此，我们把标准普尔的BB级企业选为本研究的参考对象。

[17] 我们在这里使用总负债对资产的比值，而不是"带息负债"对资产的比值，这是因为国家统计局没有公布带息负债这个财务指标。

[18] 国家统计局数据中的利润率为"税前利润/销售收入"。标准普尔评级的全球企业及万得数据库中的中国上市企业的利润率为"税前净收入/销售收入"。

[19] 利息覆盖率定义为"息税前利润（EBIT）/利息支出"。国家统计局数据中的息税前利润是"企业的税前利润+利息支出"。

外，在负债—资产比率和利润率方面，与2008~2010年相比，国有企业与非国有企业之间的差距在2014~2016年有所扩大。工业企业（特别是国有企业）的效率要低于非国有企业，部分原因是国有企业负有额外的社会责任，例如在养老、社区教育及医疗等方面的开支。

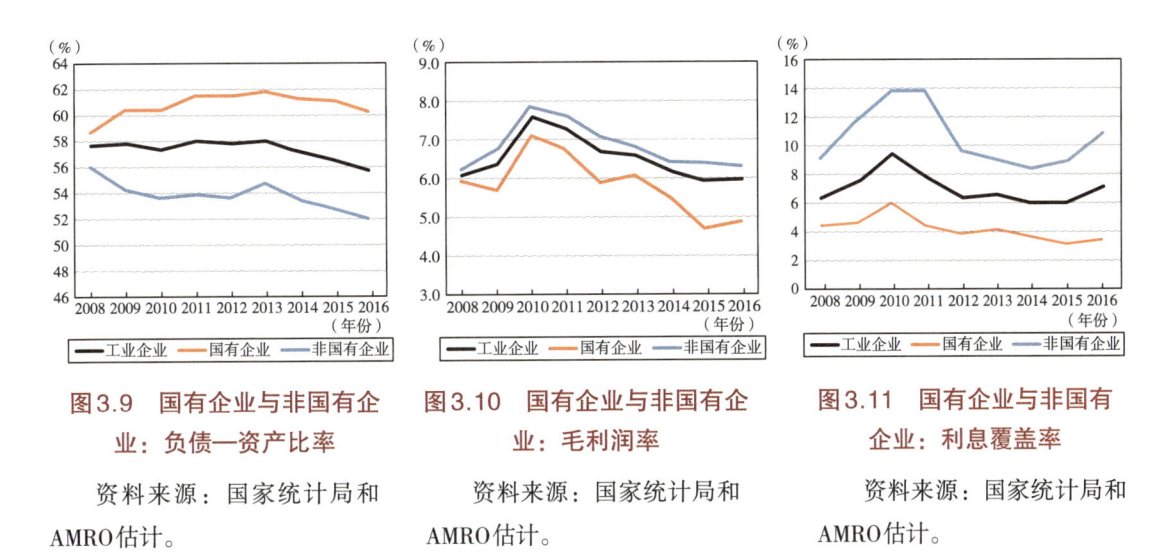

图3.9 国有企业与非国有企业：负债—资产比率

资料来源：国家统计局和AMRO估计。

图3.10 国有企业与非国有企业：毛利润率

资料来源：国家统计局和AMRO估计。

图3.11 国有企业与非国有企业：利息覆盖率

资料来源：国家统计局和AMRO估计。

虽然公用事业企业的利润率稳步改善，但其利润率水平仍较低且负债—资产比率相对较高。公用事业企业的负债—资产比率（如图3.12所示）高于其他行业[20]。不过，如图3.13所示，自2008年以来，可能是由于其使用率的提升，利润率有了很大改善（特别是国家统计局的数据显示了这种情况）。上市企业通常可以产生足够利润和现金流来支付融资成本（如图3.14所示）[21]。不过，需要指出的是，上市的公用事业企业样本可能仅代表的是全部企业中资质比较好的一部分，而有迹象表明，一些非上市的公用事业企业资产回报很低，并且是依靠地方政府的隐性担保获得资金。展望未来，由于基础设施投资的潜力仍很大，依然是经济发展的重要支柱，该行业的负债—资产比率和负债—产出比率预计将保持高位。目前，中国政府已采取措施，让这些企业不再依靠政府隐性担保，也为这些企业借款设定了更严格的条件。非法和隐性的地方政府担保在政策法规层面被禁止，但是对那些财务状况较差的企业而言，实际上其融资情况仍然在一定程度上取决于这个政策的执行情况。

---

[20] 这其中一个原因是这些企业的现金流稳定，因此可以承担更多的杠杆作用来提高收益。

[21] 虽然如北京地铁等一些基础设施项目的现金流量较弱，但这些项目通常没有上市，融资来自财政。还有一些企业以地方政府融资平台（LGFV）的形式存在，而这些企业大部分也没有上市。

图3.12　公用事业：
负债—资产比率

资料来源：国家统计局、万得、彭博和AMRO估计。

图3.13　公用事业：
毛利润率

资料来源：国家统计局、万得、彭博和AMRO估计。

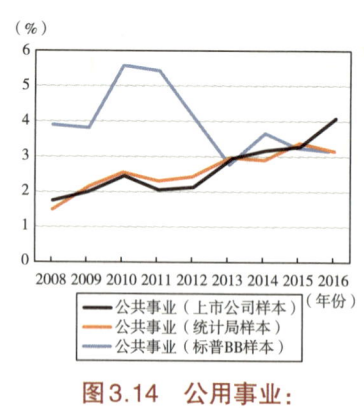

图3.14　公用事业：
利息覆盖率

资料来源：国家统计局、万得、彭博和AMRO估计。

上市交通运输企业的风险状况与公用事业企业的风险相似。虽然国家统计局没有提供交通运输企业的数据，但根据万得上市企业数据，运输企业的风险状况大体上与公用事业企业的风险状况相似。同样，在非上市交通运输企业中，一些企业负债—资产比率高，利润率低，但仍然能够在资本市场获得低成本融资[22]。

中国房地产企业负债—资产比率高，债务偿还能力下降。房地产行业利润率高于其他行业，但随着时间的推移，利润率已经不断下降（如图3.15所示）[23]。在利润率下降的情况下，尽管贷款利率相对其他行业处于较低水平，但是由于负债—资产比率上升（如图3.16所示），债务偿还能力仍然在下降（如图3.17所示），这种情况应引起关注。

图3.15　房地产业：
负债—资产比率

资料来源：国家统计局、万得、彭博和AMRO估计。

图3.16　房地产业：
毛利润率

资料来源：国家统计局、万得、彭博和AMRO估计。

图3.17　房地产业：
利息覆盖[24]

资料来源：国家统计局、万得、彭博和AMRO估计。

---

[22] 一个典型例子是中国铁路公司，其在技术、建设和运营方面都在世界领先，但其铁路票价比欧洲和日本便宜很多。这是由于其需要履行社会责任，而利润只是经营目标之一。

[23] 房地产行业毛利率高，但是资产周转速度慢。

[24] 标普BB级别的房地产企业只有数个样本，所以其财务指标看起来波动率很大。

中国建筑业负债—资产比率也很高，但利润率和付息能力保持相对稳定。尽管建筑业的负债—资产比率很高（如图3.18所示），但是这个行业的毛利润率和利息覆盖率在过去7年保持相对稳定（如图3.19和图3.20所示）[25]。由于建筑业主要是在支持上游的基础设施和房地产业，因此该行业对这些上游行业带来的风险很敏感。

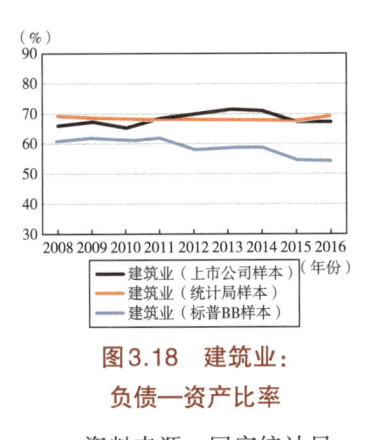

图3.18 建筑业：负债—资产比率
资料来源：国家统计局、万得、彭博和AMRO估计。

图3.19 建筑业：毛利润率
资料来源：国家统计局、万得、彭博和AMRO估计。

图3.20 建筑业：利息覆盖率
资料来源：国家统计局、万得、彭博和AMRO估计。

中国的采掘业企业与全球同行一样，在过去的十多年中经历了繁荣和萧条，目前总体状况相对脆弱。由于全球其他地区有信用评级的煤矿企业数目有限，我们用全球能源企业（包括煤炭、石油和天然气）作为一个参考。随着能源价格的上涨和下跌，这些企业经历了繁荣和衰退。在2011~2012年繁荣时期，特别是在中国，企业积极举债用于并购其他矿业企业[26]，而债务水平自2012年以来一直保持高位。虽然2016年以来随着能源价格的上涨，采掘业的债务压力得到一定的缓解，但仍面临巨大的挑战（如图3.21、图3.22、图3.23所示）。

图3.21 采掘业：负债—资产比率
资料来源：国家统计局、万得、彭博和AMRO估计。

图3.22 采掘业：毛利润率
资料来源：国家统计局、万得、彭博和AMRO估计。

图3.23 采掘业：利息覆盖率
资料来源：国家统计局、万得、彭博和AMRO估计。

---

[25] 用国家统计局的样本计算的利息覆盖率显著高于万得上市企业样本，这可能是由于用于估计利息支出和税前利润的不同定义和方法。

[26] 这些并购的目的是提高运营效率和安全性，减少污染。

制造业的偿付能力条件总体上保持在一个合理水平且比较稳定。如图 3.24 所示，上市制造类企业的资产规模随着债务增长而同步增长，负债—资产比率水平保持稳定[27]。整体利润率和利息覆盖率也保持稳定（如图 3.25~图 3.26 所示）。然而，如前所述，在工业企业（大部分是制造类企业）中，私营企业的财务指标优于国有企业。

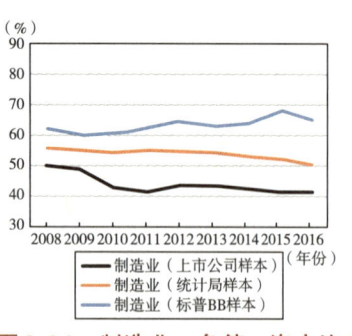

图 3.24 制造业：负债—资产比率

资料来源：国家统计局、万得、彭博和 AMRO 估计。

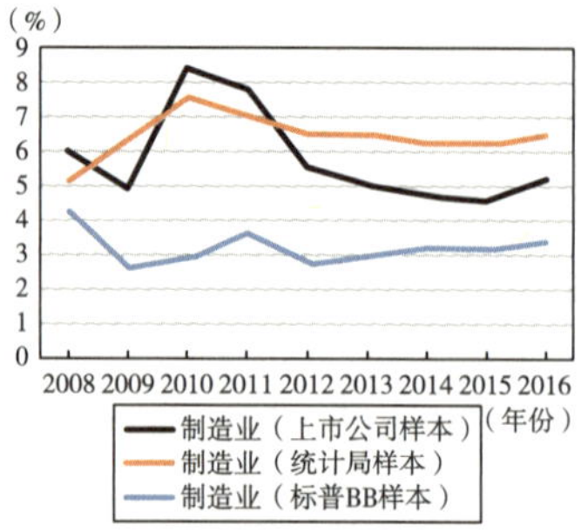

图 3.25 制造业：毛利润率

资料来源：国家统计局、万得、彭博和 AMRO 估计。

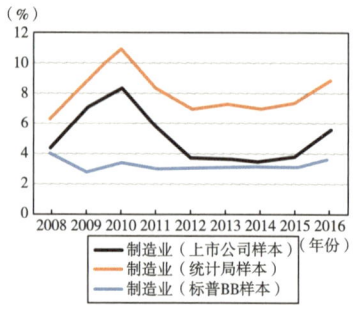

图 3.26 制造业：利息覆盖率

资料来源：国家统计局、万得、彭博和 AMRO 估计。

钢铁企业作为过剩制造业的一个例子，在"供给侧改革"之前，它们在处置资产、遏制债务和提高盈利能力方面并不太成功。产能过剩一直是全球钢铁企业的挑战，但中国钢铁企业的情况似乎更加严峻。为支持经济增长，满足基础设施和房地产建设的需求，在过去 20 年来，中国各地成立了大量的钢铁企业，中国现在的钢铁产量约占全球的一半。由于某些钢铁产品产能过剩，所以其盈利能力和还本付息能力指标大幅下降（如图 3.27~图 3.29 所示）。最近钢铁企业开始控制负债—资产比率，其偿债能力得到了一定的改善。

图 3.27 钢铁行业：负债—资产比率

资料来源：国家统计局、万得、彭博和 AMRO 估计。

图 3.28 钢铁行业：毛利润率

资料来源：国家统计局、万得、彭博和 AMRO 估计。

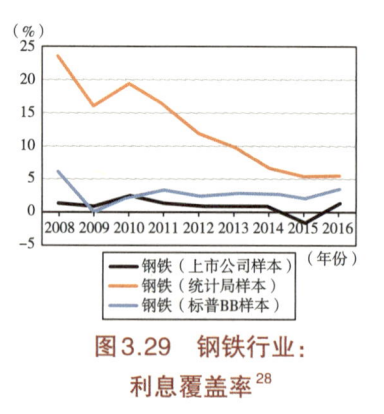

图 3.29 钢铁行业：利息覆盖率[28]

资料来源：国家统计局、万得、彭博和 AMRO 估计。

---

[27] 关于制造业负债—资产比率稳定的这个结论可能存在一定的局限性。在 2012~2016 年生产者价格指数（PPI）大幅下滑的背景下，如果所有资产价格都按照市场价值而不是账面价值计算，这个行业的负债—资产比率有可能不够稳定。

[28] 我们用国家统计局的样本计算出的利息覆盖率比上市的钢铁企业高出不少，这可能是由于利率支出和税前利润的不同定义、样本和统计方法造成的。

批发和零售业的偿付能力风险相对较高，因为其不良贷款率在2016年为4.7%，是所有行业中最高的。高不良贷款率主要是由于贸易融资欺诈、商品投机、进出口需求调整和商品价格下跌所引起的抵押品价值下降。除了不良贷款率较高外，这个行业在2016年的债务—产出比率为163%，也高于全部企业债务占GDP155%的比率。由于国家统计局样本和上市样本的资料不足，我们在这里不使用财务指标对批发和零售业进行分析。

不同行业的企业的流动性情况如何？

中国的企业（特别是采掘行业的企业）较多地依靠短期融资，因此其面临较大流动性风险。在这些企业中，依靠影子银行贷款的企业又比其他企业更容易遭受流动性风险的冲击。因此，目前对影子银行贷款加强监管，对这些依赖影子银行贷款的企业可能会产生更为明显的影响。如图3.30所示，总体来看，与过去相比，企业（特别是煤矿企业）发行了更多的短期债券[29]。短期债券的比重上升，在市场利率上行环境下，这些企业将面临着更高的展期风险（如图3.31所示）。短期债券比重的上升不是中国独有的现象，这些年来，在其他区域经济体的企业也更多地依靠短期债券来融资（见AMRO 2016报告[30]）。我们的分析表明，在中国的上市企业中，短期债务（一年以内）占总债务的比重超过70%，高于全球其他国家的水平。

图3.30 新发行企业债券的平均期限

资料来源：万得、中国结算公司（CDCC）和AMRO估计。

---

[29] 原因有以下几点：（1）对于煤炭等部分风险较高行业，投资者对较长期限的债券的需求有限；（2）一些企业因为短期利率较低而倾向于短期借款；（3）对于发行期限较短的债券，监管也比较宽松。

[30] 参见"Non-Financial Corporate Bond Financing in Foreign Currency: Trends and Risks in ASEAN +3 Emerging Economies"，引自AMRO官方网站。

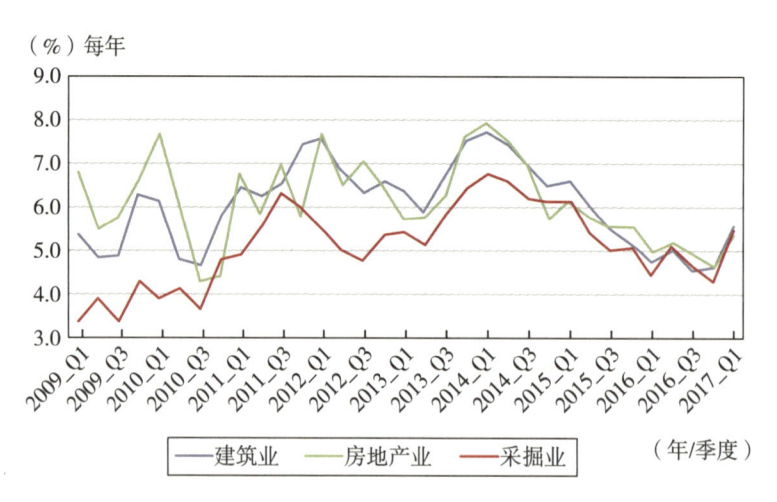

图3.31 新发行企业债券的平均利率

资料来源：万得、中国结算公司（CDCC）和AMRO估计。

企业也持有大量的现金，可以用来偿还短期负债，能够缓解流动性风险。 2016年上市中国企业持有的平均现金量[31]约占短期负债[32]的42%，这高于全球BB评级企业的33%（如图3.32所示）。然而，钢铁行业的现金储备却比较低，如在2016年仅为31%。

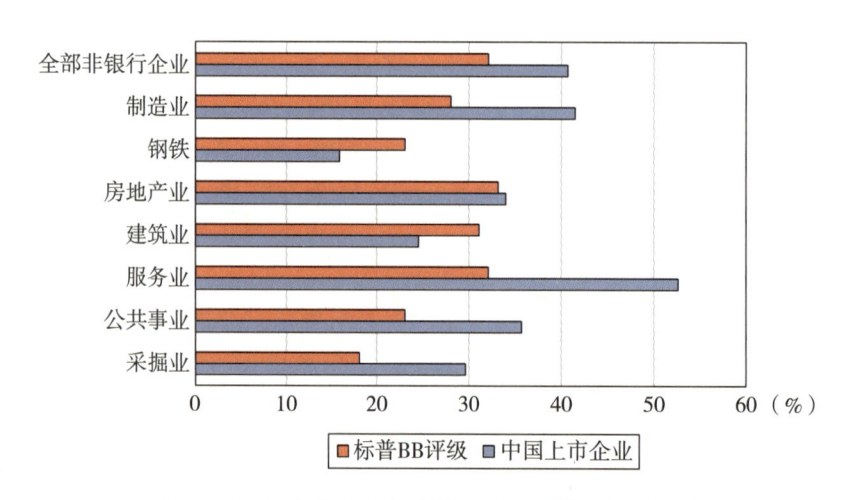

图3.32 现金占短期负债的百分比（截至2016年）

资料来源：万得、彭博和AMRO估计。

总的来看，企业债务集中在以投资为主导增长模式的行业，采掘业、房地产、钢铁和建筑行业的风险较高。 虽然总体风险似乎是可控的，但不同部门和行业之间

---

[31] 这里指现金和准现金资产，如银行存款和其他短期无风险的投资。中国上市企业数据涵盖现金持有这个指标，但国家统计局数据不涵盖此数据。

[32] 短期负债指的是在12个月内到期的负债。

的差异很大（如表3.1所示）。第一，国有企业偿债能力弱于非国有企业；第二，一些薄弱行业的企业面临着利润下滑和偿债能力下降的问题。与此同时，它们也对来自其他行业的负面冲击比较敏感；第三，企业大量地依靠短期融资从而带来债务展期风险。

表 3.1　　　　　　　　　　每个行业的偿付能力风险概要

行业（占总债务比率）	债务—产出比率	负债—资产比率	毛利润率	还本付息能力
工业企业，国有企业（占工业企业的42%）	3	3	3	3
工业企业，非国有企业（占工业企业的58%）	2	2	2	2
制造业（占总体企业债务的20%）	2	2	2	2
（钢铁）	4	3	4	5
采掘业（占总体企业债务的5%）	4	4	5	5
房地产业（占总体企业债务的15%）	4	4	4	4
建筑业（占总体企业债务的12%）	4	4	3	3
交通运输业（占总体企业债务的12%）	4	4	2	2
公共事业（占总体企业债务的14%）	5	4	2	2
其他服务业（占总体企业债务的7%）	1	1	1	1
批发零售服务业（占总体企业债务的15%）	3	3	3	3

注：

1.风险很低	2.风险低	3.风险中度	4.风险高	5.风险很高

4. 企业债务对金融部门带来的风险

在前述章节中我们对薄弱企业进行了识别，在此基础上，我们在本章分析对薄弱企业风险敞口高的贷款方，同时分析企业债务对银行业稳定的影响。在本章节的后半部分，我们分析了各类贷款方(特别是银行)在七类主要行业的风险敞口。

金融行业对薄弱行业的风险敞口总体上处于适度水平。如前所述，房地产、建筑和采掘业是相对薄弱的行业。截至2016年，这些行业的债务占到了企业债务总量中的31%。尽管如第3章所述，采掘业可能是风险最大的行业，但是采掘业的债务仅占总体企业债务的一小部分。另外，55%的企业债务集中在公用事业、交通运输业、制造业和其他服务业，这些行业的风险相对较小。图4.1展示了通过不同的融资工具（大型银行贷款、中小银行贷款、债券持有人和核心影子银行）对不同企业行业的融资额度。

大银行的贷款相对集中在风险较低的行业（如图4.1所示）。截至2016年底，五大银行[33]对公用事业的贷款最多，虽然这个行业的债务—产出比率较高，但是偿债能力较强[34]，不良贷款率较低；五大银行的银行贷款也比较集中于制造业，而这个行业总体风险可控[35]。大型银行对房地产行业和负债—资产比率较高或产能过剩的行业敞口比较有限：房地产业占其对公贷款的10%，采掘业占5%，建筑业占4%。

中小银行在风险较高行业中的贷款集中度更高（如图4.1所示）。与大型银行相比，截至2016年底，中小银行[36]的贷款更多集中在于风险较高行业，例如房地产业（占中小银行对公贷款总额的13%），建筑业（占10%），以及作为服务业中的批发零售贸易（占29%）。由于公用事业与交通项目通常需要大规模、长期低利率融资，因此对中小银行的吸引力有限。与大型银行比较，中小银行对批发零售贸易有更高的风险敞口，而该行业的银行坏账比率是各行业中最高的[37]。

---

[33] 根据银行的财务报表信息。

[34] 如前所述，一些公用事业企业，特别是上市公用事业企业，盈利能力比较强，债务偿还能力较高，然而，公用事业部门的债务总额与其产出的比值很大，有些企业的利润较低，仍然需要当地政府支持。

[35] 在制造业各个子行业中，根据一些大型银行财务报告，其对产能过剩行业的贷款已经下降，例如自2015年以来对钢铁行业企业的贷款有所减少。

[36] 较小型银行的融资成本比大型银行更高。与大型银行相比，较小型银行的融资成本对短期利率更加敏感，例如回购利率或大额可转让定期存单（NDC）利率。

[37] 在特定的地区，中小银行运营着比大型银行更集中的分支网络，并给当地的中小型企业和小微企业提供贷款。

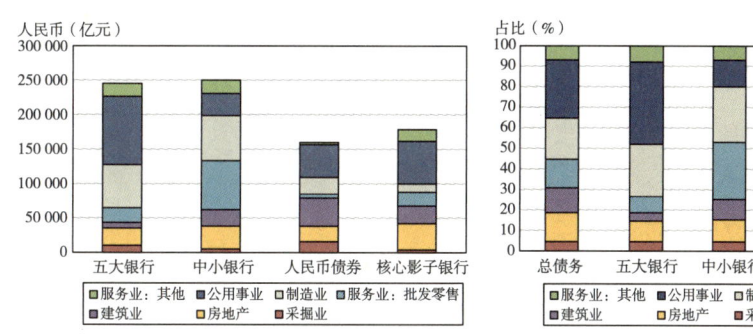

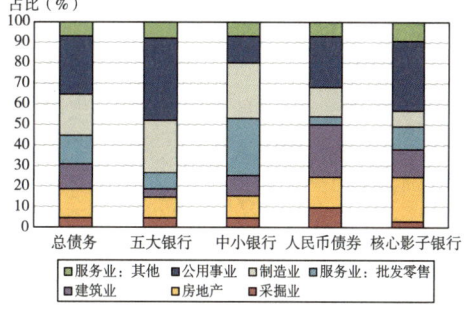

图4.1 企业债按照行业与融资工具的分布（截至2016年）

注：不包括租赁和商业服务。其中，采掘业、房地产和建筑业被认为是较薄弱的行业。

资料来源：万得、彭博、中国人民银行、中国银监会、中国信托业协会、各大型银行财务报表和AMRO估计。

影子银行和债券市场向诸如房地产、建筑和采掘这些较为薄弱的行业提供了大量融资。从截至2016年底的数据看，影子银行和债券市场为房地产业和建筑业提供了较多融资[38]。影子银行和债券市场可以提供更新式、更为灵活的融资方式。在监管收紧银行向特定行业的贷款时，企业利用了这些更新式的融资方式。债券市场为采掘业提供大量融资，煤炭行业从债券市场获得的融资接近其总融资量的50%。尽管债券市场已发生几起关于煤炭企业违约事件，但这些企业继续获得了地方政府的有力支持，因此信用风险仍然是可控的[39]。

企业债务对银行带来的风险不仅会通过银行贷款途径，也会通过影子银行和企业债券这两个途径。如图4.2所示，银行贷款是企业最主要的举债方式。除此之外，银行表内资产中也有大量企业债券。银行还通过表内及表外融资工具积极从事影子银行业务，将投资用于信托计划和资产管理计划这样结构的产品。银行表外业务也随着理财产品（WMP）的快速增长而扩张。截至2016年底，理财产品余额达到29万亿元人民币，其中的17.5%投资于类似银行贷款的非标产品。考虑到这些影子银行融资活动（如图4.2所示区域）相对不透明，银行对薄弱行业的实际风险敞口无法全部确定，信用风险可能会比其披露的表内贷款更严重。因此，由企业债务所引发的风险将通过银行传统信贷、影子银行和其他渠道对银行体系产生负面影响。

大型银行的抗风险能力更高。这是因为：（1）大型银行对企业的贷款偏向于信用风险较低的行业；（2）大型银行对影子银行活动的风险敞口有限，信用风险更加透明；（3）这些银行流动性充足且风险管理更为稳健。

与大型银行对比，中小银行开展业务时更加激进，抗风险冲击能力较弱。中小银

---

[38] 截至2016年，债券市场在房地产业的风险敞口为14%，在建筑业的风险敞口为26%。核心影子银行在房地产业的风险敞口为22%，在建筑业的风险敞口为14%。

[39] 例如，四川煤炭工业集团在债券市场发生数起违约事件，但最终这些违约都获助化解。

行的贷款主要面向企业，其对零售客户贷款（零售贷款相对坏账率低）非常有限[40]。中小银行对风险高的行业贷款数额更大。另外，中小银行的影子银行业务庞大，而影子银行总体上更倾向于高风险行业。如图4.3所示，近年来，中小银行对信贷类产品和应收款的投资不断增加，这反映出影子银行业务扩张较快。除了信用风险外，我们还应关注中小银行的流动性风险。与大型银行相比，中小银行更倾向于依赖短期融资，如利用回购和可转让存单（NCD）。随着中小银行产品和业务的复杂性的增加，加之其面临的信用和流动性风险，这增加了风险管理的难度，中小银行因此也更容易受到由风险较高的行业带来的冲击。

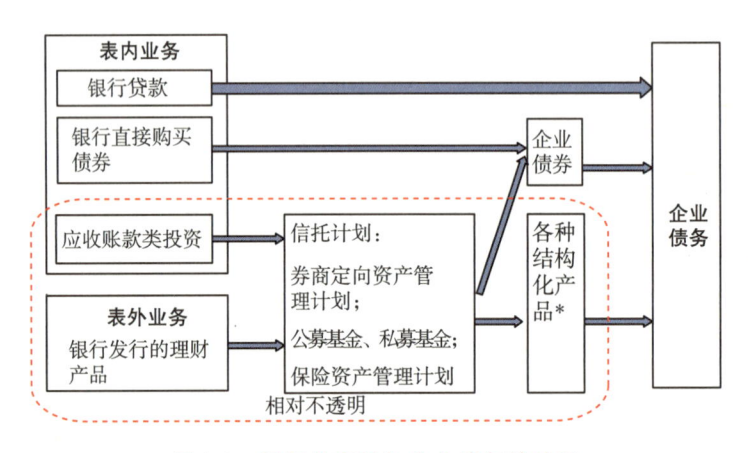

图4.2 银行业产品与企业债务的关系

注：*各种结构性产品的数额接近核心影子银行的数额。
资料来源：AMRO。

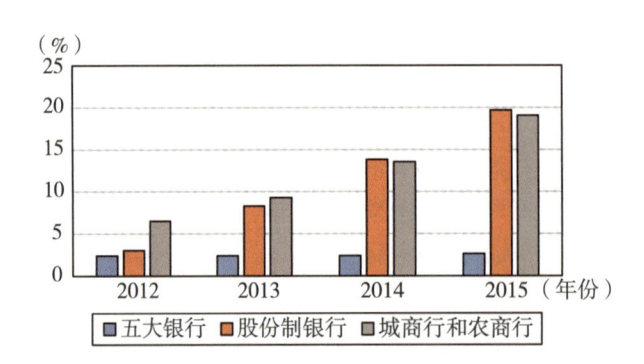

图4.3 对贷款投资和应收款投资（占2015年总资产的百分比）

资料来源：银行年度财务报表（26家上市银行）。

---

[40] 零售业务的贷款主要是由按揭贷款构成，其不良率和信用风险很低，但是由于按揭贷款的利率低，所以对一些小银行吸引力有限。

5. 债务增长趋势模拟

我们构建了包含国有和私营企业的双部门模型，以此对中国企业债务的未来增长趋势进行模拟分析，并回答以下几个问题：

- 中国企业债务在未来各种情景下的增长趋势如何？
- 基于模拟结果，我们能得到什么政策启示？
- 在结构改革比较有限的情况下，现有宏观经济政策（如调整增长目标和利率手段等）对控制债务-GDP比率的效果如何？
- 结构性改革将如何遏制债务-GDP比率的上升？

5.1 国有企业与私营企业的不同特质

中国国有企业与私营企业财务指标的差异越来越明显。前面章节汇总的数据显示，相对于非国有企业来看，国有企业在固定资产投资中所占的份额下降，在股票市场中所占的市值比重减少，利润率降低，盈利能力也有一定程度减弱（如图5.1~图5.4所示）。对于国有企业与私营企业的这些差异，我们在进行债务模拟的过程中必须予以考虑，因为企业不同的投资决策和运营情况是影响企业债务水平的关键因素。

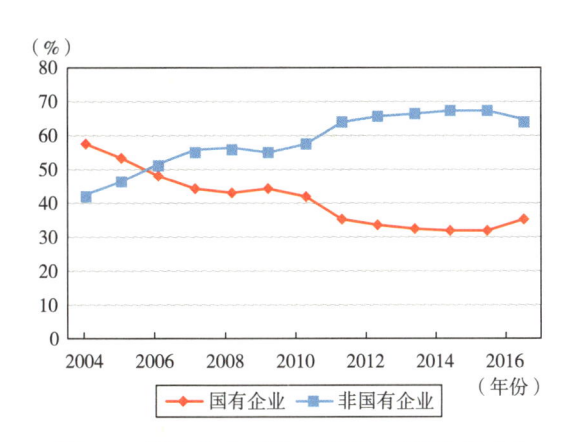

图5.1 固定资产投资的比重（按所有权分）

注：国有企业包括国有控股企业。
资料来源：国家统计局。

图5.2 负债—资产比率（按所有权分）

注：国有企业包括国有控股企业。
资料来源：国家统计局。

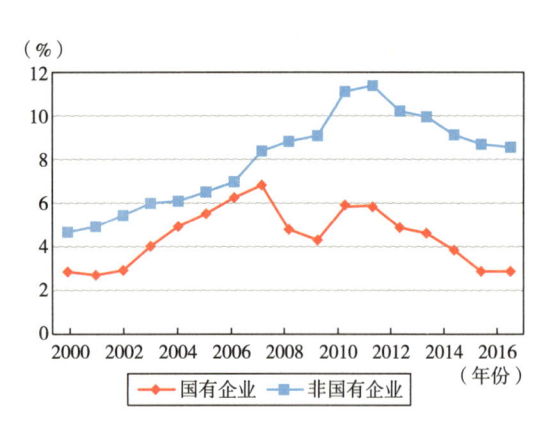

图5.3 利润率：利润—资产比率（按所有权分）

注：国有企业包括国有控股企业。
资料来源：国家统计局。

图5.4 股票市值份额（按所有权分）

注：国有企业包括国有控股企业。
资料来源：国家统计局。

5.2 模型概述

我们使用动态模型来模拟企业债务—GDP比率未来的发展趋势。陆婷和余永定（2015）研究了中国企业债务的增长趋势（见附录A）。他们认为，如果政府不能扭转投资驱动型的增长模式，那么债务—GDP比率将继续上升。借鉴了他们的研究，我们对中国企业债务情况进行进一步深入模拟分析。在此模拟中，债务增量相当于总投资额扣除股权融资和企业利润后的余额（如图5.5所示）。

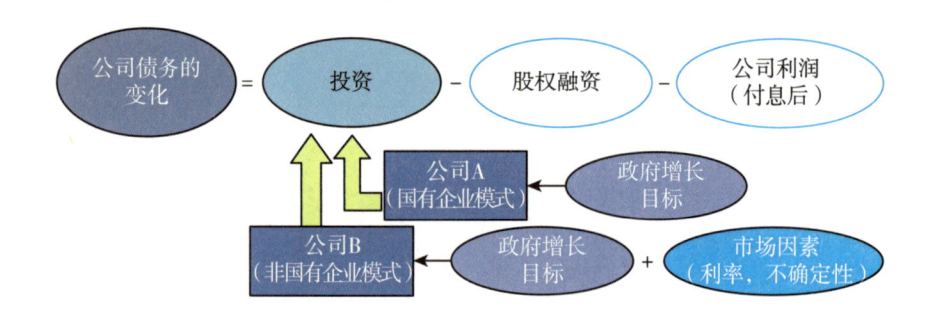

图5.5 债务模拟的模型结构

资料来源：AMRO。

我们在构建模型的过程中区别国有企业和私营企业的异质性，并提高了实证分析中数据的拟合程度。我们的模型与陆婷和余永定（2015）有以下不同之处。首先，我们考虑到中国有两类不同的企业，它们在决定投资时所考虑的因素不同：国有企业的投资决策主要由政府增长目标所引导，私营企业的投资决策除了受到政府增长目标影响之外，也受到诸如利率和不确定性等市场因素所影响。其次，我们的模型可以调整各种政策变量（如增长目标和利率）以及与经济结构相关的关键参数（如投资的效率、股权融资比率、盈利能力、固定资产份额等）。通过这些调整，我们就可以对各种情景进行分析，并模拟债务—GDP比率的各种增长情况。最后，我们使用历史数据对模型进行校准：拟合了从2010～2016年中国企业债务—GDP比率。关于模型和数据的详细解释和描述请见附录F。

5.3 基准情景

我们的基准情景是假设结构性改革的力度是有限的。 在这种情景中，当前的债务—GDP比率上升的趋势将会延续，在整个模拟期内，各种关键参数值将沿着其当前的趋势变化：资本效率减弱，企业盈利下降，国有企业在固定资产投资中份额下降，股权融资比重缓慢上升。图5.6预测了未来十年关键参数在基准情景中的增长路径。到2030年，GDP增速将逐渐放缓至4%，通货膨胀稳定在2%水平，短期利率逐渐下降至3.5%，如图5.7所示。

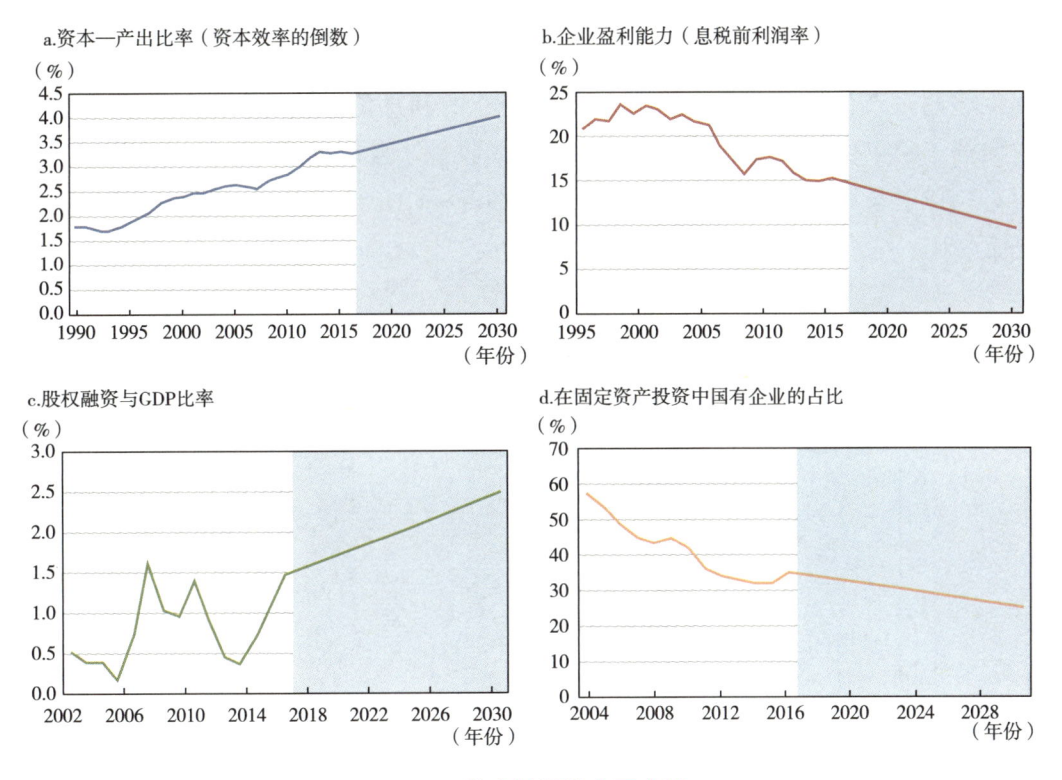

图5.6 基准情景的主要参数

注：息税前利润率定义为息税前利润/营业收入。
资料来源：国家统计局、中国人民银行、万得、CEIC、AMRO估计。

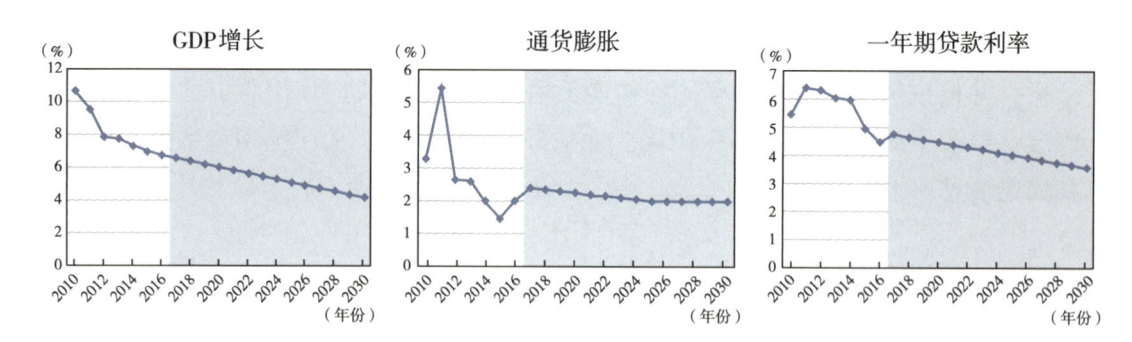

图5.7 基准情景下的主要宏观经济变量的假设

资料来源：国家统计局、中国人民银行、AMRO估计。

在基准情景下，到2030年，中国的企业债务预计将上升到GDP的200%左右。如图5.8显示，在2010~2016年这个时期，本模型与AMRO对债务—GDP比率的估计（估计值在图上红点）拟合得较好。根据模型预测，到2030年，在基准情景下，债务—GDP比率将达到约200%。这与陆婷和余永定（2015）的主要发现一致：较高的增长目标将提高债务—GDP比率，因为在以投资来促进增长的经济结构下，债务上升幅度将超过产出上升幅度。此外，如果企业的利息负担较高，那么高利率也可能导致债务—GDP比率的上升，从而进一步削弱收益，强化对债务融资的依赖性。我们利用对GDP增长和利率做不同假设，来估计债务—GDP比率对各个变量的敏感度，请参见附录G。

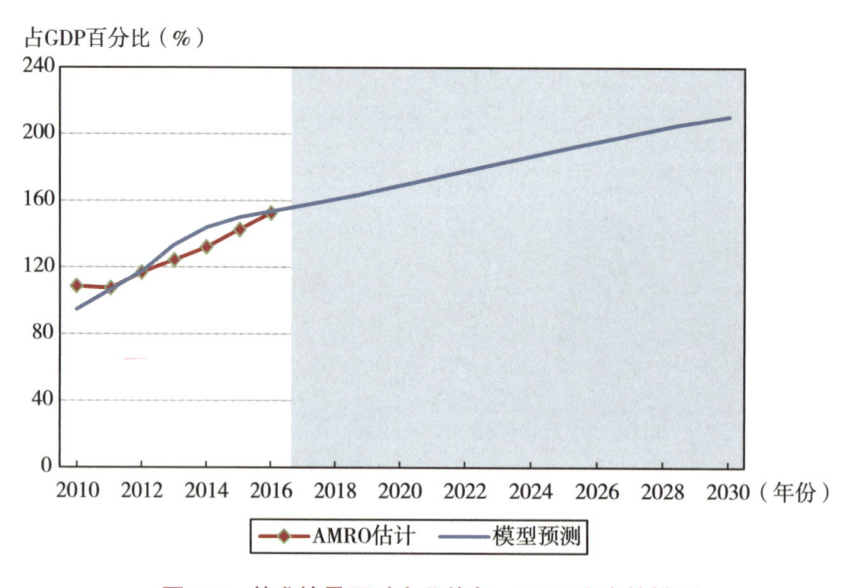

图5.8 基准情景下对企业债务—GDP比率的模拟

资料来源：AMRO估计。

为更清晰区别国有企业与非国有企业之间的债务增长动态的差异，我们将国有企业和非国有企业的债务与其产出分别进行模拟[41]。在我们的模型下，进行预测还需要一组额外的变量，如国有企业和非国有企业的产出，国有企业的优惠借款利率，以及国有企业和非国有企业各自的资本效率[42]。我们对这些变量和参数做了一些假设，详见附录G的G.2节。国有企业和非国有企业各自的债务—产出比率不同，这体现出这些企业利用其产出或收入来偿债的能力差异。

国有企业债务与其产出比率远远大于非国有企业；同时，由于国有企业利用其产出来偿债的能力更低，所以在中期内，国有企业债务的增长也将更快。 如图5.9显示，根据工业部门的国有企业增加的产值来估算国有企业在整个经济体的比重，那么国有企业债务与其产出比率在2016年为244.9%，远高于非国有企业（2016年为120.5%）。预计未来10年国有企业负债的增长速度将会比非国有企业更快。这意味着与非国有企业相比，国有企业的投资效率较低，其产出不足以偿还和降低债务水平。

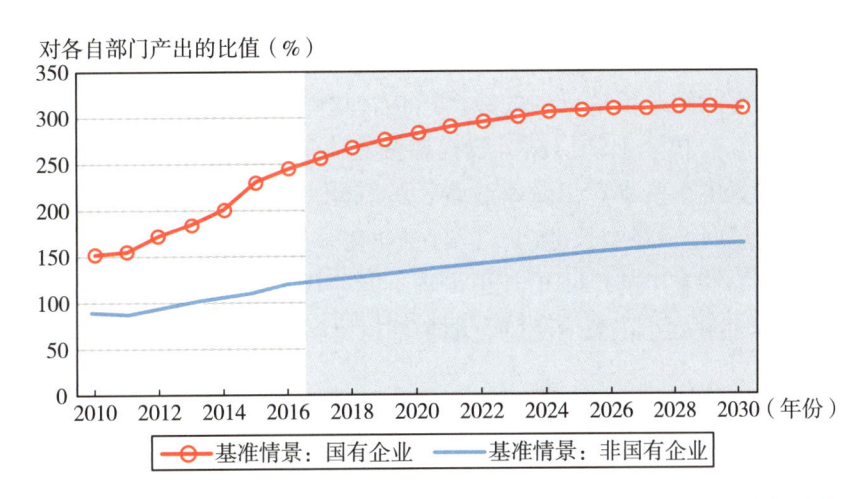

图5.9 基准情景下对不同企业的债务—产出比率的模拟，按照所有权分类

注：国有企业包括国有控股企业。
资料来源：国家统计局、AMRO估计。

5.4 结构性改革不同进度的情景

在本节中，我们通过改变结构性改革的进度来模拟债务增长情况。 以上有限改革的基准情景模拟结果表明，制定较高的增长目标或提高利率等宏观政策不足以遏制债务—GDP比率。这就引出以下相关问题：结构性改革是否有助于扭转债务增长趋势？

---

[41] 中国企业部门由三类企业组成：（1）国有企业；（2）私营企业；（3）"半私营"企业（其中包括集体所有等企业）。简单起见，我们将私营企业和"半私营"企业分类为"非国有企业"，并假设"半私营"企业与私营企业具有相同的特征，如图5.1～图5.4所示。这个假设是必要的，因为关于"半私营"企业的特征的数据是不足的。

[42] 为拟合这些预测与企业总体债务，我们使用比例因子进行校准。

还有哪些方面的因素需要考虑？为解答这些问题，我们设定了两个场景来描述结构性改革的不同进度：（1）基准情景（有限的改革）；（2）乐观情景（全面改革），关于改革的关键要素的描述如图5.10所示。

基准情景（有限的改革）	乐观情景（全面的改革）
• 资本使用效率下滑 • 公司盈利下降 • 市场对投资导向的作用比较有限 • 股权投资比重保持低位	• 资本使用效率上升 • 公司盈利上升 • 市场对投资导向的作用显著 • 股权投资比重增加

图5.10 中国结构性改革的不同情景

资料来源：AMRO。

在不同的改革情景中，模型中关键参数值也显著不同。在图5.11中，我们用不同的参数值来描绘两个不同的改革情景中的经济结构，这些参数包括：资本产出比、企业盈利能力、国有企业在总投资中的份额、股权融资比率等。与基准情景（有限的改革）相比，在全面改革情景中，资本产出效率改善，盈利能力将提升（尽管在改革初期短期下滑），资本市场明显深化；在中长期内，国有企业在总投资中占比进一步下降。相应的，如图5.12所示，不同情景中的GDP增长也呈现不同路径。与基准情景相比，在全面改革情景中，GDP增长虽然在短期内略有下降，但长期将更高，然后稳定在一个较高的水平上。

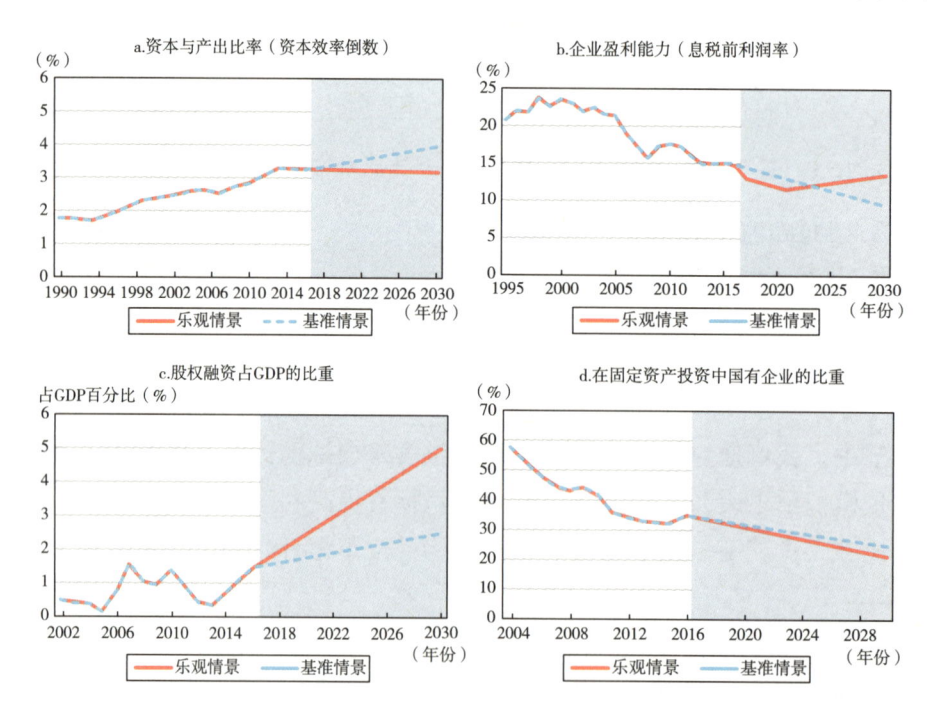

图5.11 不同结构性改革情景中的关键参数值

注：息税前利润率定义为息税前利润/营业收入。
资料来源：国家统计局、中国人民银行、万得、CEIC、AMRO估计。

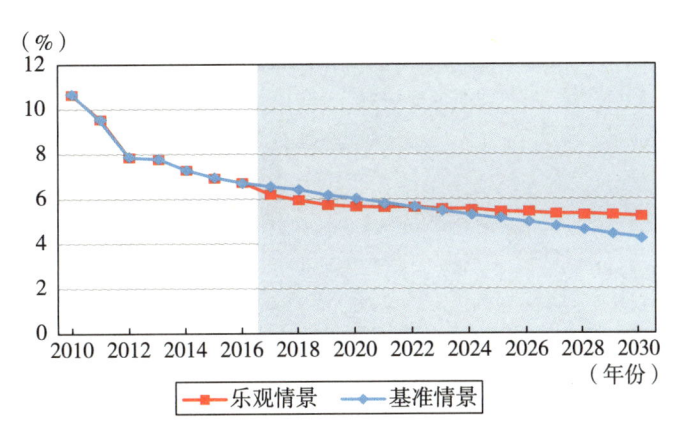

图5.12 在各种改革情景中的GDP增速

资料来源：国家统计局、AMRO估计。

我们的模型预测表明，全面改革将在中期内逐渐降低企业债务—GDP比率，而降幅将取决于改革的力度。图5.13显示了在不同改革情景中对债务增长模拟的结果。需要强调的是，对国有企业来说，全面改革对降低其债务—产出比率至关重要——我们在这个全面改革情景下的模拟表明，总债务—GDP比率将在2021年达到162%的高峰期后逐渐降低，而国有企业的债务—产出比率在中期内也将逐步下降（如图5.14所示）。我们的敏感性分析表明，改革将有助于提高资本效率、降低负债比率；增强股权融资及提高企业盈利能力也对降低负债有积极作用（见附录G.3）。

图5.13 在各种改革情景中的企业债务—GDP比率

资料来源：国家统计局、AMRO估计。

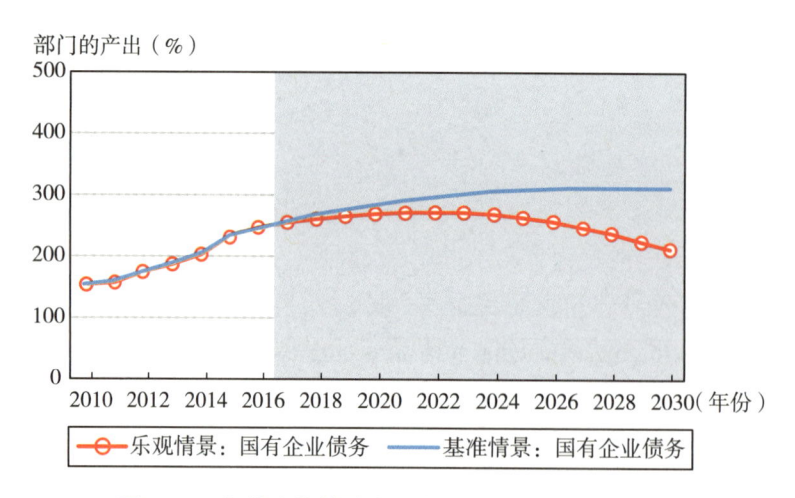

图5.14 各种改革情景中国有企业债务与其产出比率

注：国有企业包括国有控股企业。
资料来源：国家统计局、AMRO估计。

总的来说，我们的模拟表明，全面结构改革有助于减少企业债务。 一方面，在目前的增长目标下，较高的增长可能将导致更高的企业债务；另一方面，更低的利率与更低的增长虽可能放缓债务—GDP比率的上升，但仍不足以扭转企业债务上升的趋势。因此，需要进行全面改革来增强资本效率，提高企业盈利能力，投资应更多以市场为导向。具体地说，为提高资本效率，中国政府需要继续按计划削减过剩产能，关闭"僵尸"企业，实施国有企业改革，提高企业盈利能力。而资本市场的进一步深化，将有助于为企业提供更多的股权融资，并减少对债务融资（特别是银行借款）的依赖。

6. 结论和政策建议

6.1 结论

中国的企业债务—GDP比率高且可能还在继续增长。根据我们的估计，该比率在2016年为155%。除国际金融危机期间的经济刺激措施外，结构性和机制性因素都是企业债务快速增长的主要推动因素。这些包括高储蓄率、与债权融资相比欠发达的股权融资市场、对国有企业包括地方政府融资平台的隐性担保，这也与后国际金融危机时期的刺激措施形成的投资主导的经济结构有关。在很大程度上，这些中国特色因素与中国当前经济和金融发展阶段有关。

尽管银行贷款是企业融资最重要的渠道，以企业债券和影子银行贷款方式的融资也有显著增长。2016年，影子银行贷款占企业融资总量比率超过20%。影子银行贷款透明度不高且有更大风险。除更高的信贷风险外，与影子银行贷款相关的流动性风险也比银行贷款和企业债券要高，原因是大部分影子银行产品的久期较短，在一年以下。展望未来，受监管趋严和利率上升等因素影响，企业债务的融资结构可能进一步发生变化。

中国企业债务集中在以投资为导向增长模式的行业，包括公用事业、交通运输业、房地产业、建筑业、钢铁、采掘业和国有制造类企业。以下这些行业在企业债务总额中占据了相当大的份额：制造业（20%）、房地产业（15%）、公用事业（14%）、建筑业（12%）和交通运输业（12%）。虽然这些行业的债务上升速度在逐步减少，但是由于债务增长仍高于产出增长，其债务—产出比率仍然继续增长，特别是在公用事业、房地产业和建筑业。不过，中国整体的企业负债—资产比率仍保持稳定，这是因为企业在业务扩张和升级的过程中，债务与资产基本上同步增加。关于流动性风险，同过去相比，企业更加依赖像短期债券和影子银行贷款这种形式的短期融资。企业持有大量现金，这有助于降低其流动性风险。

国有企业债务规模很大，因此控制国有企业债务是控制企业债务水平的关键。国有企业在企业债务中占有很大份额。在债务—产出比率高的行业（包括公用事业和交通运输业）中，国有企业的份额也较大。我们的模拟表明，与非国有企业相比，未来国有企业债务可能对推高企业债务—GDP比率的影响更大。因此，控制国有企业债务对控制总债务至关重要。

虽然银行业在薄弱行业的风险敞口总体上不高，但与大型银行相比，中小银行风险敞口较高。银行对企业债务的风险敞口主要是体现为银行贷款，同时银行也通过影子银行及持有企业债券的方式为企业融资。相对于大型银行，中小银行在房地产业和建筑业的贷款集中度更高,中小银行的影子银行业务也更激进,通过影子银行渠道向薄弱行业的融资金额也较大。

6.2 政策建议

从中期看,中国政府需继续采取有效政策措施及加强协调,以降低薄弱行业的债务—GDP比率,防范金融风险(如图6.1所示)。我们的研究表明,一是需要集中在两个主要方面制定应对政策:抑制企业债务上升的速度和降低薄弱行业企业对金融业产生的风险;二是需要在行业整体和子行业层面进行风险评估和监测;三是应继续推动结构性改革的政策,通过加强金融行业和财政方面的政策来控制企业债务和降低风险;四是政策制定者必须加强对相关政策的协调。我们在分析数据的过程中也认识到企业和金融行业的数据披露的重要性,这样有利于中国政府更好地对风险监控和政策进行决策。

公司层面的政策

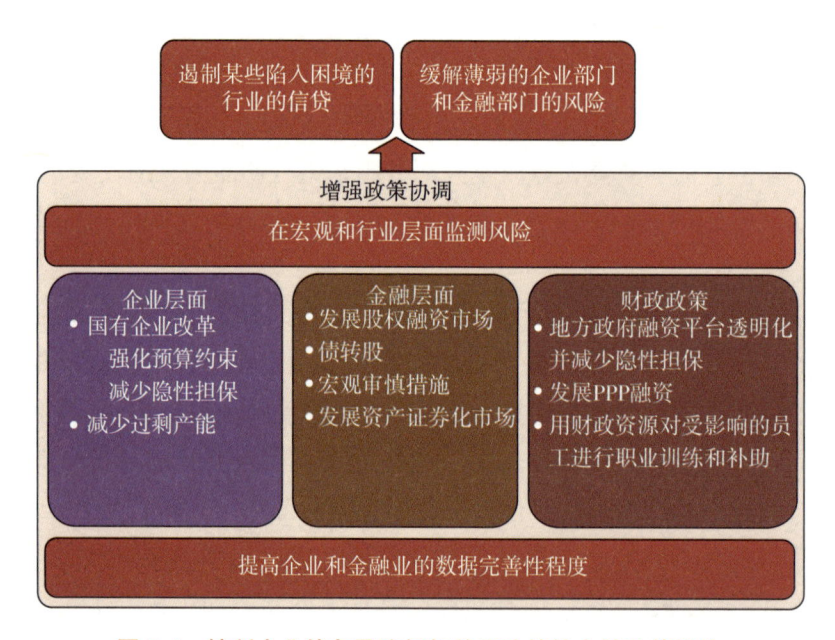

图6.1 控制企业债务及降低相关风险的综合性政策措施

我们在模拟时使用了能够反映国有企业和私营企业不同特征的模型,结果表明,从中期看,为切实减少企业债务—GDP比率,需要实施全面有效的结构改革。如果改革程度有限,那么较高的增长目标和较宽松的货币政策可有助于减缓企业债务积累的步伐,但这些宏观政策不足以扭转企业债务的增长趋势。如果债务增长按其当前趋势持续增长,到2030年,中国的企业债务会达到GDP的200%。从中期看,对于降低企业特别是国有企业的负债来说,最有意义的举措是通过全面有效的改革来加强资本效率、提高企业盈利性和深化资本市场。

为改善资本效率和提高盈利能力,政府应逐步降低隐性担保,收紧国有企业约束预算及继续减少过剩产能。中国政府已经推进了以市场为导向的国有企业改革。为加强国有企业对市场融资成本的敏感性和防止其为低收益项目举借新的债务，必须进一步改革以加强预算约束和消减隐性担保。同时，必须关闭"僵尸"企业和进一步降低过剩产能，这将有助于改善盈利。同时，以市场为导向的投资也有助于减少低效投资。

金融行业政策

债转股方案的推进和股票市场的发展将有助于减少企业对债务融资的依赖。 市场参与者和监管机构正在研究制定有关机制安排来解决面对的挑战，对于债转股来说，其中一个重点是一旦债权人的债权置换为股权，需要认真考虑如何确保原债权人有能力管理企业。我们赞同中国政府关于以市场为导向并坚持在法律架构下进行债转股的原则。长期来看，进一步深化资本市场将为企业提供更多股权融资渠道并减少其对信贷的依赖。

应继续实施当前的宏观审慎措施以控制房地产行业的债务。 我们的分析表明，房地产行业的企业特别是大型企业的债务高，而它们的贷款低于其他行业。考虑到房地产行业庞大的资产规模及其与银行体系和家庭等部门的密切关联性，如果房地产业不能平稳健康发展，会对其他实体部门和金融部门带来巨大的系统性风险。不同监管机构实施对房地产行业的宏观审慎政策已经促使一线及二线城市的房地产市场降温，限制了房地产类贷款的进一步增加，并降低了银行业风险。在未来一段时期，应继续实施这些宏观审慎措施，但同时也应防止市场出现大幅波动。

强化对影子银行业务的监管有助于降低企业债务。 中国政府最近已经对影子银行业务加强了监管。例如，中国人民银行在2017年将表外理财纳入宏观审慎评估（MPA）体系。根据张晓慧（2017）的观点[43]，虽然审慎评估对中小银行参数设置方面有所倾斜，但是由于一些中小金融机构过度追求利润、过度增加杠杆，所以中小机构感受到的审慎评估约束较多[44]。随着宏观审慎措施的实施，金融机构的负债—资产比率已经开始下降，企业债务—GDP比率的上升也已经比较稳定。如果未来经济增长不出现大幅下降，我们建议应当继续保持目前宏观审慎措施的力度。而在实施针对性措施的过程中，可能对一些银行带来压力，进而引发一系列风险事件，监管机构应提升其迅速处理风险的能力，果断处理这些风险事件。应进一步加强对影子银行的监管，促进企业债务和金融机构的透明度，并降低流动性风险。这也将限制企业通过影子银行获得信贷，降低杠杆水平。

---

[43] 张晓慧：《宏观审慎政策在中国的探索》，载于《中国金融》，2017年第11期。

[44] "从实际情况看，一些中小金融机构感觉受到MPA约束较多，多数是源于其过度追求利润、过度增加杠杆，导致资产扩张速度远超其资本承受能力。例如，城商行、农商行、农信社中2017年3月末贷款增速超过25%(约为全国水平的两倍)的分别有35家(占25.9%)、157家(占14.2%)和154家(占14.5%)，其中贷款增速超过35%的有182家，占三类机构总数的7.9%。据了解，有的资产规模超过5 000亿元的城商行2017年贷款增长目标甚至高达60% ~ 70%。同时，一些中小金融机构的资产扩张也超过其稳定负债的能力，不得不过度依赖同业负债，隐藏的风险不容小觑。"

鉴于一些金融机构对薄弱行业有较高的风险敞口，加强这些机构的抗风险能力有助于降低金融体系面临的风险。根据第4章分析，中小银行通过银行贷款和影子银行业务对风险较高的行业有较高的风险敞口。与较大型银行相比，中小银行也更加依赖机构间融资。有鉴于此，应开展压力测试来识别中小银行的潜在损失。监管机构应鼓励面临较高风险的中小银行募集更多资本金并改善流动性。如中小银行计划处置资产来减轻对资本和流动性要求的压力，监管机构应考虑予以便利性支持。

进一步发展证券化市场［例如资产支持证券（ABS）］来减轻薄弱行业对影子银行活动的依赖。减少企业对影子银行依赖的一个替代方案是使用诸如ABS这类透明度高的融资工具。虽然最近中国的ABS市场发展迅速，但由于不同监管主体制定的规则不同，而不同市场的监管也不同，使得这一市场的发展依然处于分割状况。为促进ABS发展和鼓励减少影子银行活动，应建立一个全面且一体化的监管架构。允许违约的发生将推动债券市场向更加市场化的方向发展，限制那些偿债能力不足的企业的融资活动。

由于以外币计价的企业债务有可能进一步增加，应加强相关的风险评估和管理。虽然目前以外币计价的企业债务只占企业债务总量的一小部分，但其份额在不断增加（见专栏A"海外外币债券融资和风险"）。由于中国企业继续寻求海外投资机会，而国内金融状况可能收紧，同时美元也可能不会明显走强，未来以外币计价的企业债务所占份额可能会继续上升。从他国历史经验看，由于企业营业收入与负债之间存在的货币错配风险，且外币流动性可能会在市场压力期间迅速枯竭，因此以外币计价的企业债务带来的风险比本币债务更高。这样，即使在目前以外币计价的企业债务规模仍然较小，监管机构也必须加强对企业流动性和货币错配风险的监控与引导，确保企业有足够的应对风险能力。

财政政策

进一步提高地方政府融资平台(LGFVs)的透明度有助于减少公用事业、交通运输业和建筑业的债务。成功降低整体企业债务水平有赖于这些行业的债务减少。为实现此目的，地方政府融资平台应有清晰且专门的职责、透明化的管理和独立的账户。这些融资平台应在商业化的基础上运作，因为市场力量将鼓励其运作更加规范、提高其效率和盈利能力。此外，投资回报率应成为批准平台基础设施项目的主要考虑因素。

加强企业信息披露及其透明度有利于改善政府和社会资本合作（PPP）的融资并减少对债务融资的依赖。政府将PPP确定为公用事业和交通运输业项目债务融资的优先替代方式。但私有企业对参与及扩大融资的积极性不足，因为其对项目的回报及政策的可信度仍存顾虑。有鉴于此，高标准的信息披露和透明度将有助于加强私有企业对PPP项目的信心并引导公共事业项目更多依靠股权融资。

在鼓励产能过剩企业处置资产的过程中，应利用财政资源帮助那些受到冲击的员工。煤炭和钢铁等行业已经采取措施削减过剩产能，这有助于控制其债务上升并提高偿债能力。政府在鼓励存在过剩产能企业降低债务的同时，一个关键措施是拨出财政资金来安置陷于困境的员工，如向更有前景的行业转移安置员工。这种明确用于去产能的补贴将在控制企业债务的同时带来更高的净效益和加强社会保障功能。2016年5月，财政部宣布拿出1 000亿元资金用于钢铁和煤炭企业下岗员工的重新安置。该救助措施的实施对未来进一步采取有关财政支持措施具有积极借鉴意义。

改善企业和金融行业数据

改善企业和金融行业的财务数据有助于更好监控企业债务风险及准确实施相关风险评估。中国在企业债务数据收集方面已有很大程度的改善，例如中国人民银行对整体社会融资数据进行全面的统计。但是，为更好监测风险，需要对数据收集和整理做进一步改进。例如，为评估各类中小银行（包括全国性股份制银行、城市和农村商业银行）的风险，需要银行提供关于对不同行业信贷风险敞口的数据，包括影子银行、一些复杂的相互嵌套的产品。同时，对诸如PPP融资等需要改善其机制设计、会计准则和对数据的汇总。同时，由于不同监管主体和金融机构披露各企业行业数据的频率和时段不同，为改善数据质量及匹配度，有关监管机构需要相互协调。此外，数据的及时披露也有助于提高透明度和加强市场信心。

海外外币债券融资及其风险

尽管海外企业债券近年来快速增长,但是其总量有限,仍然低于中国GDP的3.5%。 近年来,特别是在2012~2015年,非金融企业在海外发债融资增长迅速,但其规模仍比较小。截至2016年底,企业债券总额达到3 810亿美元,仅为GDP的3.5%(如图A.1所示),这些海外企业债券大部分以美元计价,而中国企业在海外举借的银行贷款金额又略低于发债融资。

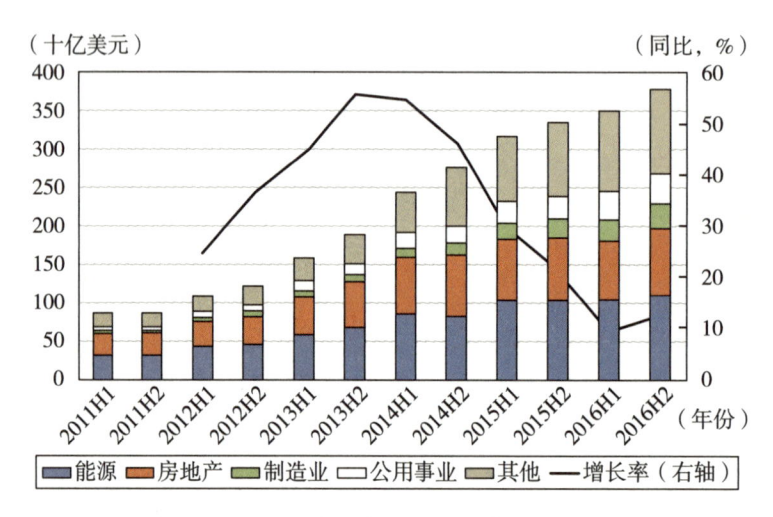

图A.1 中国海外企业债券规模

注:为估计中国企业在海外的债券融资金额,我们必须对其做一个定义,这里的海外债券包括在中国注册的企业发行的债券,也包括在其他经济体(如中国香港)注册的企业发行的债券,只要他们的母公司是在中国注册的。此数据样本所使用的行业分类是基于彭博的行业分类,因此某些地方与本文其余部分中使用的七个行业划分不完全一致。

资料来源:Bloomberg和AMRO估计。

能源和房地产企业是海外债券市场中最活跃的借款人。 如图A.2所示,能源和房地产业的债券规模在2016年占比分别为29%和23%,其他行业的份额明显较小。

对于能源企业来说,债券主要由几家大型石油和天然气国有企业发行,发行的大部分收益用于支持海外业务。 这些石油和天然气集团需要为海外业务提供大量资金,例如支持海上石油钻井平台的运营和采购原油。这些企业发行的债券利率相当低,债务偿还负担相对较低。其他行业发行的海外债券利率处于中等水平,平均高于能源行业,但低于房地产业,风险总体可控。

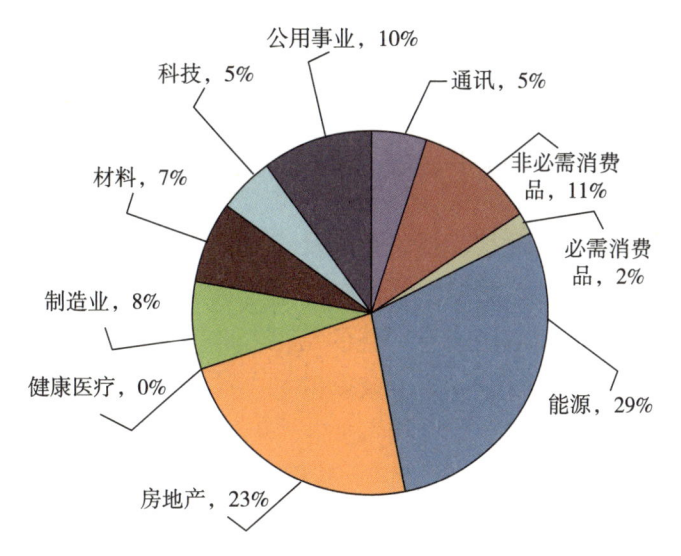

图A.2 海外企业债券规模，按行业划分（2016年）

对于房地产企业来说，在海外发行债券所筹集的资金用于支持海外或/和国内业务。在房地产业，通过海外债券市场募集的资金可能用于海外业务扩张，特别是在华人较多的外国城市的扩张。然而，也有一些企业在海外筹集资金为中国业务服务，其面临收入与负债货币不匹配的风险。由于海外投资者对于中国房地产企业的信用风险要求的风险溢价更高，房地产业海外发行的债券利率高于中国国有企业在海外发行债券的平均利率，也略高于房地产企业在境外发行的人民币债券利率。总的来看，相比能源行业，房地产业在海外发行债券的风险更高，这需要密切关注。

总体而言，中国企业在海外发行外币债券融资的系统性风险低，但存在一些薄弱环节。由于中国企业发行的海外债券金额依然偏低，所以其对整体金融体系和经济造成的系统性冲击很有限。大多数行业发行的债券利率在中等或中等偏下的水平，风险可控。但是，房地产行业的海外债券可能面临相对较多的风险，需要密切关注。

专题B

中国政府及有关机构对中国企业债务发展现状及应对政策的看法

本专题就企业债务发展现状、驱动因素及应对政策等问题，总结了中国政府及有关机构的看法，以此作为对本文评估的补充。这些看法是基于AMRO于2017年2月在北京和上海访问期间开展面对面问卷调查的结果（走访了包括政府、研究机构、国有企业和私人企业以及金融机构在内的18家单位）。

1. 对企业债务水平的预测

中国企业债务水平可能进一步增长。 大部分机构认为，中国企业债务水平正在上升，且这种趋势在未来几年内还将继续。基于他们的观点，房地产业、钢铁和煤炭、基础设施和包括电力及水力的PPP相关行业的债务水平将显著增长。房地产行业和煤炭行业的债务水平是最高的[45]。

高企的企业债务不会立刻引发危机但将是长期的挑战。 虽然企业增加负债可扩张业务从而有助于经济增长，但过多的债务将增加经济薄弱环节，可能引发经济危机。大多数机构认为高企业债务不会立刻引发危机但将成为长期的挑战。这是因为大部分企业持有较多现金。多个研究机构认为，与1998年相比，当前企业债务水平依然可控。

企业债务对金融体系带来的风险不断增加。 除了关注传统的违约风险（如利润不断下滑导致的信用风险），还需密切监测债务短期化带来的风险。2016年，一些企业利用发行短期债券筹集资金再举借给其他方，以此从中获利。这使得资金在金融系统中流动而非流入实体行业，增加了金融体系的风险。

2. 企业债务增加的驱动因素

结构性和机制性因素是企业债务增长背后的主要原因。 第一，企业债务的增长是由投资为导向的增长模式推动；资本回报的下滑也推动了债务的上升；应对国际金融危机的一系列经济刺激措施导致了债务增长。第二，考虑到国有企业有责任支持经济增长，因此即使其亏损业务也能获得融资，这使得钢铁、煤炭和批发等资本集中行业的利润在急剧下降的同时其债务继续上升。另外，国有企业特别是一些管理能力和运营效率不高的国有企业能继续从当地政府获得支持。第三，债券市场和地方政府融资平台的快速发展也助长了企业债务扩张。

---

[45] 电力行业的债务总量最高，截至2016年底为7.8万亿元人民币，钢铁行业紧随其后，债务总量同期为4.4万亿元人民币。

3. 控制企业债务增长的举措

第一，加速国有企业改革至关重要。国有企业改革应将重点放在促进市场机制以更加有效地分配资源，这将帮助提高企业整体的资本和运营效率。目前这方面已经取得进展，未来应注重保证稳定的改革进程。

第二，债转股在某些情况下（例如当企业出现流动性困难）是对企业有利的。即便如此，一些机构对此还是非常谨慎。如果实施债转股的企业不能走出困境，那么实施强制性的债转股将扭曲市场，损害债权人利益，对金融体系带来风险。因此，债转股应坚持市场化法制化原则。

第三，应鼓励企业更多利用股权融资。虽然这在短期内（对降低企业债务）不会帮助很大，但它可能是在长期内非常有效的解决方案。在这方面进一步加强股票市场基础设施建设和开放更多股权融资机会至关重要。

专题C 遏制企业债务的措施

中国政府已经认识到遏制企业债务的重要性，并为此不断采取新的措施（如表C.1所示）。一个主要的举措是在2015年11月宣布的"供给侧改革"，强调去杠杆是五大改革目标之一。2016年10月，国务院发布了指导性说明，其中列出了促进企业去杠杆的七项主要措施，即坚持积极的财政政策和稳健的货币政策取向，以市场化、法治化方式，通过推进兼并重组、完善现代企业制度强化自我约束、盘活存量资产、优化债务结构、有序开展市场化银行债权转股权、依法破产、发展股权融资。同时，中国政府试图通过建立部际联合会议制度，提供就业和税收优惠等相关支持措施来加强协调。

表C.1　　　　　　　　　　遏制企业债务的政策措施

	时间	主要内容
去杠杆	2015年11月	推出供给侧改革，以去杠杆作为主要目标之一
	2016年7月	进一步鼓励股权和债券市场发展
	2016年8月	降税减费，降低企业成本，加强融资担保，优化商业银行评估监督，鼓励股权融资，利用低成本海外资本
	2016年10月	通过促进并购，促进股权融资，优化债务结构，实施债转股计划，进一步发展股权融资市场，降低杠杆
	2016年10月	建立部门间联席会议制度，积极稳妥地减少企业杠杆
	2016年12月	通过使用PPP和资产支持证券（ABS）来鼓励融资渠道的多样化，以提高资本效率
	2017年3月	建立长效债券信用风险管理机制
国有企业改革	2013年	• 坚定积极发展多元化的所有制经济 • 让更多的国有企业和其他所有制企业发展成为混合所有制企业 • 允许国有资本投资项目中有非国有股份 • 加强对国有资产的管理和监督 • 建立一批国有资本经营企业，推动国有企业转型为国有投资企业
	2015年	深化国有企业改革，出台指导方针重组国有企业，使国有企业成为中国经济长期可持续发展的支柱
	2017年3月	进一步推进参与发电、石油天然气生产、铁路、民航、电信、国防的混改

附录A：关于中国企业债务和相关问题的文献汇总

	论文	评估 （截至2015年底对GDP的百分比）	数据来源	备注
非金融企业债务总量	国际货币基金组织（2016年7月）2016年度第四条款磋商报告	不包括地方政府融资平台为126%（国内债务占比120%，外部债务占比6%）；包括地方政府融资平台的债务占比为144%	• CEIC、财政部	• 地方政府融资平台（相当于GDP的17%）包括两部分：4%属于"可能被确认"的部分（基于历史确认比率），13%属于"不太能被确认"的债务
	国际清算银行（2016年6月）"非金融行业信贷"数据	170.8%，包括地方政府融资平台	• 人民银行、IMF	• 非金融企业信贷包括：（1）国内银行信贷；（2）从非居民银行获得的跨境信贷；（3）非银行融资（根据中国人民银行的社会融资数据估计）。而非银行融资包括非银行金融机构的委托和信托贷款、国内债券市场发行的企业债券和其他（包括保险企业的保险赔偿金、从房地产投资基金获得融资、小微贷款企业和贷款企业发放的贷款）
	麦肯锡全球机构（2016年6月）"中国的选择：抓住5万亿美元生产力的机遇"	136%，不包括地方政府融资平台	• 人民银行	• 分部门数据（7类）：重工业、批发和零售、房地产和建筑、交通运输、轻工业、能源、公用事业及其他行业
	彭博资讯（2016）	165.1%，包括地方政府融资平台	• 人民银行、中国债券信息网、国际清算银行	• 包括银行贷款、企业债券、影子融资和离岸借款
	中国社科院（2016年6月）	131%，不包括地方政府融资平台；156%，包括地方政府融资平台	• 无	• 见 http://www.reuters.com/article/us-china-economy-debt-idUSKCN0Z10GW
	渣打银行（2016年5月）"中国——戒除债务嗜好"	122%，不包括地方政府融资平台，但包括中国铁路企业的债务	• CEIC	• 在三种情景模式下（部分改革、无改革和迅速改革）对中国整体债务—GDP比率的发展轨迹进行模拟
	摩根斯坦利（2016年7月）中国经济夏季展望	183%	• CEIC；Haver	• 无
	张（2016，WP/16/183）"中国的再平衡——发展和前景"	无	• CEIC；BIS；IMF	• 提出再平衡定义及其指标 • 在再平衡情景下对私人债务—GDP比率进行模拟

续表

论文	关键内容	分析方法	数据/行业分类	关键指标
"中国企业行业的薄弱性评估" 引用了IMF GFSR（2015年10月，"新兴市场的企业杠杆——一种担心？"和3.3专栏"中国的企业杠杆"	• 中国企业杠杆平均不高，占总体企业债务重要份额的高杠杆企业主要集中在房地产业、建筑业和国有企业 • 敏感性分析显示，在房地产业和建筑业利润下降20%的情况下，可能引发财务困难的债务将上升到上市企业总体债务的四分之一	• 财务报表分析，侧重按五分法分析企业分布 • 面板回归方法 • 敏感性分析	• 万得 • 非金融企业数据，包括所有在上海、深圳和香港上市的中国企业（2 571个非金融企业） • 2003～2013年 • 按照行业（基于证监会行业分类—13个行业） • 按照所有制 • 按照地域	• 整体趋势：总负债、总资产、市值 • 杠杆＝总负债（贷款、债务、贸易融资、应付账款和其他）/普通股[主要测算]，或总债务（债券和贷款余额）/普通股 • 利润＝EBIT/总资产 • 利率覆盖率 • 实际利率＝年利息支付/总债务
国际货币基金组织GFSR（２０１６年第４期，第一章）"成功正常化的有效政策"和附件1.1"中国企业贷款的潜在风险"	• 中国企业资产负债表和经营恶化增加了金融市场的风险 • 企业的困境增加银行的风险 • 中国企业风险债务比率（利率覆盖率少于1的企业股份）在2015年约占15%	• 财务报表分析 • 敏感度分析	• 标普Capital IQ数据库 • 2 871家非金融企业（2 607家上市企业，264家未上市企业） • 分行业（12个行业）	• 企业薄弱点：在险企业的债务比率＝$\dfrac{\sum Borrowing\ of\ companies\ with\ ICR<1}{\sum Borrowings\ of\ all\ companies\ in\ the\ sample}$ 使用更高的ICR门槛：ICR<1.5或2；忽略银行风险敞口，例如估算和增加了政策性银行和影子产品
Natixis（2016年5月）"中国企业杠杆：美女和野兽的故事"（基于"中国企业债务监测"，其针对中国企业健康状况的首份年报）	• 从资产规模看，中国企业在传统工业领域有很大权重（对比全球同业） • 中国企业相比全球同业的脆弱程度更高，债务集中在大型企业，尤其是私人企业 • 中国企业在继续分化：新兴行业增长超过了传统行业 • 当前货币和财政政策刺激可能缓解传统行业的问题，但由于中国经济正在进行再平衡，传统行业的收入将无法回升到其过去的水平 • 传统行业的大规模重组看起来无法避免	• 使用关于财务薄弱性的6个指标分析财务报表	• 彭博、CEIC • 中国3 000家最大的非金融企业（基于资产规模，在国内或国外上市，与全球同行比较（国外企业）） • 由"旧模式"（投资驱动）对比"新模式"（消费驱动） • 根据所有制分类 • 根据企业规模（100个最大企业对比全部样本）分类 • 按行业分类（14个行业）	• 杠杆＝总负债/普通股 • 融资风险＝短期负债/总负债 • 还款＝EBITDA*/利息费用 *利息、税收、折旧和摊销前收入 • 利息负担＝利息费用/总债务 • 税率＝实际税率 • 利润率＝净收入/收入

续表

	论文	关键内容	分析方法	数据/行业分类	关键指标
企业债务风险	张（2015，HKIMR wp No.10）"中国企业杠杆：为何近年来企业杠杆快速增长及风险存在何处？"	• 从总量上看，中国企业行业没有出现过量杠杆，但某些行业（房地产和产能过剩行业）和国有企业的杠杆在增加 • 国有企业的杠杆主要由政府隐性支持的低融资成本驱动 • 非金融企业信贷媒介活动——委托贷款——不仅增加了银行资产质量方面的风险，而且因信贷扩张数据会夸大分配给实体经济的授信而误导政策制定者	• 财务报表分析 • 使用企业融资模型开展企业融资成本的反事实分析 • 面板回归	• 彭博 • 上市企业数据 • 覆盖了2003~2013年 • 按照行业划分，使用官方报告（国务院2013年文件第41号）来识别真正产能过剩的行业 • 按所有制划分（国有产权超过50%的归为国有企业）	• 杠杆=债务对资产比率 • 2013年由上市企业公布的委托贷款
	陆婷，余永定（2016，中国和世界经济）"中国企业债对GDP比的动态路径"	• 研究模拟了中国企业债务—GDP比率的增长轨迹；在当前资本效率、企业盈利和融资成本不发生反转的情况下，中国非金融企业债务—GDP比率将继续上升 • 与大多数经济学家的直觉相悖，更高的经济增长不会帮助中国逃离企业债务陷阱。相反，它会使得中国企业债务问题更加严重 • 为避免企业债务危机，需加快结构改革，改变经济增长模式，以加强资本效率和企业盈利能力，降低企业融资成本	• 动态模型模拟	• 国家统计局、万得、人民银行 • 宏观数据（总资产形成、固定资产价格、通货膨胀、GDP总值和GDP指数） • 1952~2014年宏观总量数据（总固定资本形成、固定资产价格指数、消费者物价指数、GDP总值和GDP指数） • 1990~2014年上海和深圳交易所上市的A股企业年报数据（不包括金融企业和ST企业和特别转让企业） • 2002~2014年社会总体融资	决定中国企业债务—GDP比率的6个变量： • 经济增长率 • 资本产出率 • 付息前的利润率（EBIT利润） • 平均利率 • 股票融资占总产出的份额 • 通货膨胀

续表

	论文	关键内容	分析方法	数据/行业分类	关键指标
企业债务风险	UBS（June 2016）瑞银（2016年6月）"影子贷款账簿、理财产品和1万亿元人民币资本窟窿"	• 银行的信托收益权（TBRs）及定向资产管理计划（DAMPs）的信贷风险敞口预计在2015年达到12.6万亿元，相当于商业银行贷款的16%	• 描写性统计分析	• 中国156家银行的财务信息	• 信托受益人权利（TBRs）及定向资产管理计划（DAMPs）
	《金融时报》（2016年7月14日）内部研究"影子融资风平浪静，但要准备好暴风雨的来临"	• 虽然核心影子融资规模在缩小，但非核心部分（包括DAMPs）扩张迅速，推动银行资产负债表中应收账款快速增长	• 描述性统计分析	• 万得、中国结算公司	• 信托受益人权利（TBRs）及定向资产管理计划（DAMPs）及理财产品
	Chen, Ren 和 Zha（2016, NBER wp No. 21890）"中国增长的影子银行：探索收紧货币和银行在委托贷款中的角色，我们可以从中学到什么？"	• 中国增长的影子银行与银行业潜在资产负债表风险之间千丝万缕的联系 • 研究表明，通过创建一个基于全面交易基础的贷款数据库，提供了有力的实证证据，并建立了解释货币政策、影子银行和传统银行业（银行系统）之间关系的理论框架	• 回归分析 • 均衡模型分析	• 万得 • 关于委托贷款的综合性微观交易数据 • 覆盖2007~2013年 • 贷款类型：风险性贷款（中国工业和信息技术部认定的18个过剩产能行业和房地产业）对比非风险性贷款	• 委托贷款数据来自：（1）宣布的委托贷款数据；（2）企业年报；（3）银行年报

资料来源：AMRO整理。

附录B：对中国整体非金融企业债务结构及总量的估算

我们在估算中国整体企业债务时，使用了各种数据源，包括来自中国人民银行的社会融资总量（TSF）数据、来自财政部的政府债务数据和来自彭博的外部企业债务数据等。整体非金融企业债务包括：（1）银行对企业贷款余额；（2）核心影子银行贷款；（3）国内企业债券余额；（4）企业外汇债务（借贷和债券）。

由于官方数据仅公布了TSF中非家庭银行贷款和非家庭影子银行贷款的数据，为得出企业银行贷款和企业核心影子银行贷款，需要估算地方政府银行贷款和地方政府影子银行贷款，并从非家庭银行贷款和非家庭影子银行贷款中分别扣减地方政府银行贷款和地方政府影子银行贷款，这样才可以得到企业银行贷款和企业核心影子银行贷款。具体估算企业债务的步骤如下：

（a）地方政府债务由三部分组成。在这三部分数据中，尚无地方政府银行贷款和地方政府影子银行贷款的数据

地方政府债务 = 地方政府债券 + 地方政府银行贷款（？）+ 地方政府影子银行贷款（？）

（b）由此，假定非家庭银行贷款总量对影子银行贷款总量比率与地方政府银行贷款对地方政府影子银行贷款比率相等，即R1=R2：

$$R1 = \frac{非家庭银行贷款总量}{影子银行贷款总量} \quad R2 = \frac{地方政府银行贷款}{地方政府影子银行贷款}$$

由于R1可以从官方数据计算得出，这样就可以允许我们来估算地方政府银行贷款和地方政府影子银行贷款。

（c）基于我们对地方政府银行贷款和地方政府影子银行贷款的假设和估算，企业贷款和企业影子银行贷款就可以使用以下等式计算得出：

企业银行贷款 = 非家庭银行贷款总量 – 地方政府银行贷款

企业影子银行贷款 = 影子银行贷款总量 – 地方政府影子银行贷款

最后，国内企业债券数据从社会融资总量数据得出，而企业外汇债务数据则从彭博获取。最后，我们得出：

企业银行贷款 + 企业影子银行贷款 + 企业债券 + 企业海外借款 = 非金融企业总债务

关于地方政府融资平台，监管机构已经将其部分确认为地方政府债务，其余确认为企业债务，这是因为后者是基于商业性原则的，且未明确由政府提供担保。在不同研究中，地方政府融资平台债务总量的估算数值不同，从相当于GDP的18%（IMF）到GDP的24%（CASS）。根据我们的估算，属于地方政府债务的地方政府融资平台债务

包括银行贷款和影子银行借款，截至2016年，占GDP的6%左右，附表B.1所示。从地方政府融资平台债务总量（GDP的18%~24%）中减去属于地方政府债务的地方政府融资平台债务（GDP的10%）后，剩余的是属于企业债务的地方政府融资平台债务，为GDP的12%~18%左右。

附表B.1 中国整体债务结构

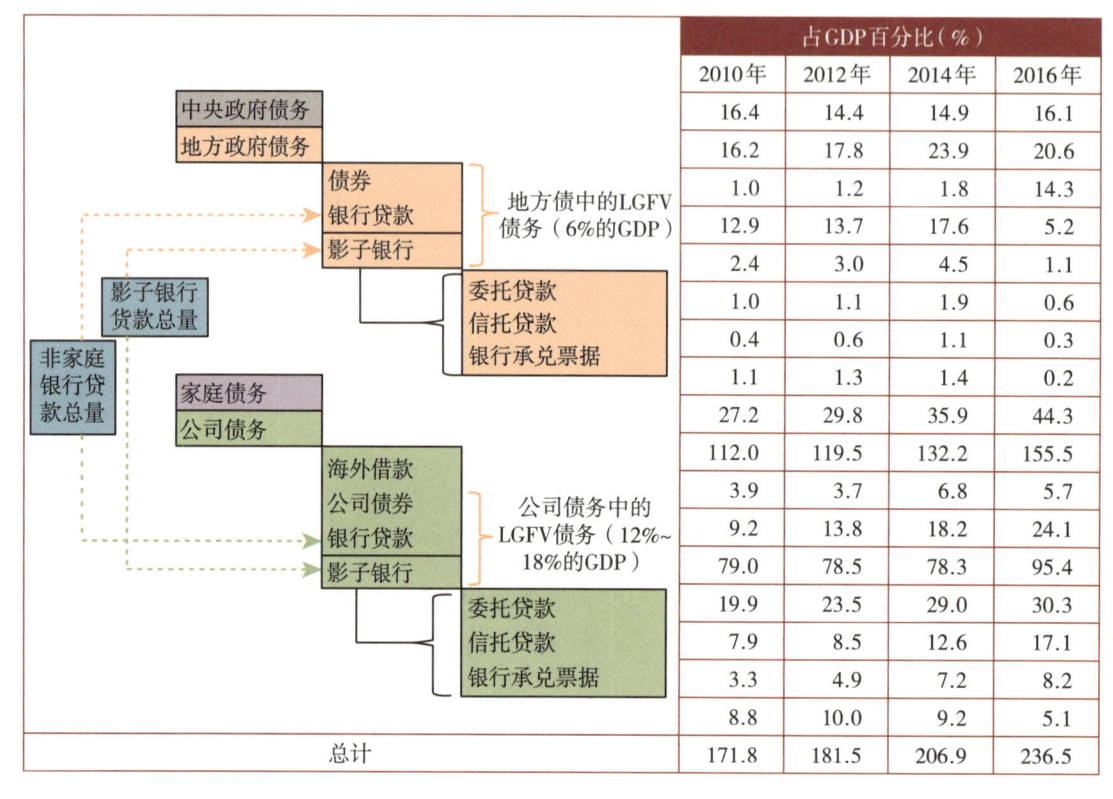

债务分类	2010年	2012年	2014年	2016年
中央政府债务	16.4	14.4	14.9	16.1
地方政府债务	16.2	17.8	23.9	20.6
债券	1.0	1.2	1.8	14.3
银行贷款	12.9	13.7	17.6	5.2
影子银行	2.4	3.0	4.5	1.1
委托贷款	1.0	1.1	1.9	0.6
信托贷款	0.4	0.6	1.1	0.3
银行承兑票据	1.1	1.3	1.4	0.2
家庭债务	27.2	29.8	35.9	44.3
公司债务	112.0	119.5	132.2	155.5
海外借款	3.9	3.7	6.8	5.7
公司债券	9.2	13.8	18.2	24.1
银行贷款	79.0	78.5	78.3	95.4
影子银行	19.9	23.5	29.0	30.3
委托贷款	7.9	8.5	12.6	17.1
信托贷款	3.3	4.9	7.2	8.2
银行承兑票据	8.8	10.0	9.2	5.1
总计	171.8	181.5	206.9	236.5

地方债中的LGFV债务（6%的GDP）

公司债务中的LGFV债务（12%~18%的GDP）

资料来源：AMRO。

附录C：行业分类

在本报告中，企业分为七个主要行业（如附表C.1所示），每个行业由一个或多个证监会行业分类构成。我们也在附表C.1列出将全球企业分为这七个行业的归类方法。虽然有些研究将房地产与建筑业归类在一起，但是我们把这两个行业分开，这是因为这两个行业在毛利润率方面的特点不同，而且，相当部分建筑企业为交通运输和公用事业项目提供服务，而不是房地产业。证监会的分类部门中的"综合类"被排除在外，因为它无法划分到相应的行业。本报告还强调了两个子行业，即钢铁业（制造业的一个子行业），以及煤矿行业（采掘业的一个子行业）。

附表C.1　　　　　　　　　七个行业及其定义

本研究使用的七个行业			相应的证监会行业 （基于万得数据定义）	相应的全球企业的行业 （基于彭博数据定义）
1.制造业			制造业	Industry_sector level 1=Industrial and Industry_sector level 2 excludes Transportation & Logistics; Railroad
	钢铁		证监会行业级别1=制造业 证监会行业级别2=黑色金属冶炼和轧制加工业	Industry_subgroup= 　Steel-Producers
2.采掘业			采掘业	Industry_sector= 　Energy; 　Basic Materials
	能源		证监会行业级别1=采掘业 证监会行业级别2=煤矿、油气	Industry_sector= 　Energy
		煤炭业	证监会行业级别2=煤矿	
3.房地产业			房地产业	Industry_subgroup = 　Real Estate Oper/Develop
4.建筑业			建筑业	Industry_subgroup = 　Building-Heavy Construct; 　Bldg-Residential/Commer; 　Building & Construct-Misc; 　Building-Maint&Service; 　Bldg-Mobil Home/Mfd Hous
5.交通运输业			交通运输、仓储邮政服务	Industry_sector level 2 = Transportation & Logistics; Railroad
6.公共事业			电力、煤气和水的生产和供应	Industry_sector= Utilities
			水利、环境与公共事业管理	

续表

本研究使用的七个行业		相应的证监会行业（基于万得数据定义）	相应的全球企业的行业（基于彭博数据定义）
7.服务业	其他服务业	批发与零售业	Industry_sector= Consumer, Cyclical; Consumer, Non-cyclical; Technology
		住宿和餐饮业	
		信息传输、计算机服务与软件	
		保健、社会保障和福利	
		居民及其他服务	
		教育	
		文化体育娱乐	
		科学研究与地质勘探	
排除的行业		融资租赁	NA.
		农林牧渔	NA.
		综合或者未分类	NA.

附录D：各行业债务估算

为估计各行业的债务总额，我们收集了宏观层面与微观层面的数据。在数据不完整的情况下，我们做出某些假设来整合和汇总数据。具体来说：

a）境内人民币债券市场[46]提供了最详细的数据，因此我们通过汇总所有企业发行的债券来获得债券市场融资数据（附录D1）；

b）大型商业银行的财务报表提供了相对完整的数据，并列出了对各行业贷款明细（附录D3）；

c）银监会的数据提供了所有商业银行对各行业的贷款；

d）中小银行对各行业贷款是根据所有商业银行（银监会）与大型银行（财务报表）的差值估计的；

e）中国信托协会提供了信托贷款的行业分布细目。我们假设其他类型的影子银行活动的行业分布情况与此相同，这样我们可以估计出所有的核心影子银行的行业分布（附录D4）。

在汇总数据时，我们只对没有重复计算的数据进行汇总。上述a）、b）、d）和e）的数据彼此不存在重复计算的问题，所以可以用来汇总以估计每个行业的总信贷额度。虽然理财产品的行业细分也可从中国理财网（Chinawealth.com）获得，但由于这些产品经常再次投资于企业债券，与其他核心影子银行产品重叠，因此我们不将理财产品纳入这个数据汇总的过程，以避免重复计算。

D1 境内债券

境内人民币债券的基本信息来自万得。对于每一只债券，在每一个时间点，如果这个时间点晚于债券的起息日，但早于债券的到期日，则该债券的未偿还金额等于发行金额。否则，未偿还金额假设为零。相应要用到的万得的字段名称和字段代码在附表D1.1中给出。

---

[46] 这里的统计暂不包含境外债券，因为其量很小，我们在专题A对其进行专门讨论。

附表 D1.1　　　　　　　　　境内人民币债券样本（来自万得）

字段名称	字段代码	数据源
发行额	b_info_issueamount	万得
起息日	b_info_carrydate	
到期日	b_info_maturitydate	
证监会行业分类	s_info_industry_csrc12	
企业所有权（国有企业、私营企业等）	s_info_nature	
流通市场（银行间、上海证券交易所等）	Listedmkt	
息票率	b_info_couponrate	

如某只债券数据不完整（如一只债券的行业分类、起息日期或到期日缺失），我们就将其排除。我们也排除了证监会"综合"和"农林牧渔"行业的观察值。附表 D1.2 总结了我们的境内债券样本的明细，包括 24 980 个观察值。

附表 D1.2　　　　　　　　　境内人民币企业债券：样本大小

行业	证监会行业/所有权	中央企业	地方国有企业	私营企业	其他	总和
1. 制造业	制造业	1 440	2 365	2 337	667	6 809
2. 采掘业	采掘业	375	1 268	177	49	1 869
3. 房地产	房地产业	93	1 284	277	381	2 035
4. 建筑业	建筑业	434	4 592	356	90	5 472
5. 交通运输业	交通运输、仓储和邮政业	543	1 694	47	154	2 438
6. 公用事业	电力、热力、燃气及水的生产和供应业	1 482	1 057	80	341	2 960
	水利、环境和公共设施管理业	68	514	34	26	642
7. 服务业	租赁和商务服务业	56	213	94	128	491
	批发和零售业	300	738	349	145	1 532
	住宿和餐饮业	—	41	20	2	63
	信息传输、软件和信息技术服务业	133	27	54	28	242
	卫生和社会工作	1	14	1	—	16
	居民服务、修理和其他服务业	35	80	4	6	125
	教育	—	5	1	13	19
	文化、体育和娱乐业	9	195	30	7	241
	科学研究和技术服务业	8	5	11	2	26
	总和	4 977	14 092	3 872	2 039	24 980

资料来源：万得与 AMRO 估计。

根据收集的数据和以上处理办法，我们在附图D1.1显示了人民币债券市场对各行业的信贷额度的估计。

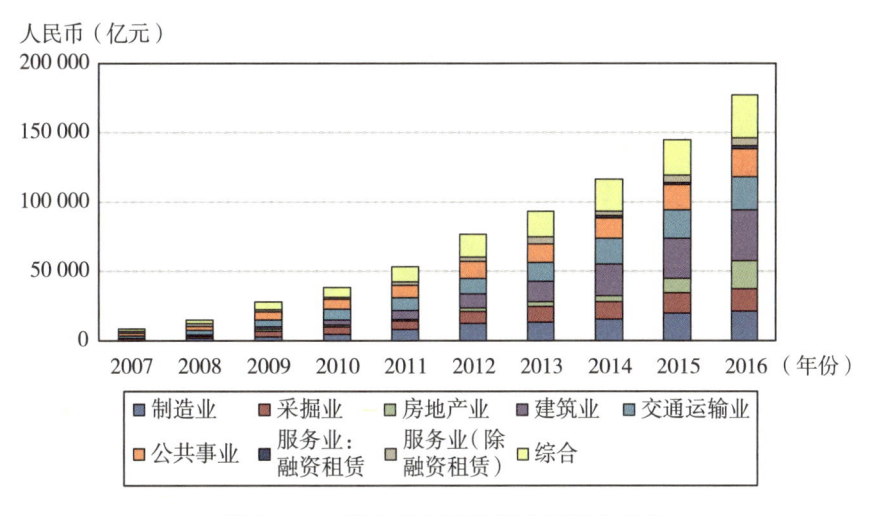

附图D1.1 境内人民币债券市场行业分布

资料来源：万得和AMRO估计。

D2 海外债券

海外债券包括由母公司位于中国的企业发行的债券。对于每只债券的实际到期日是根据发行日期，定期到期日和到期日的类型进行估计的[47]。然后采用类似于境内债券的处理方法，在某个日期，根据此债券的起息日和所估计的实际到期日来估计这只债券的未偿还金额。数据源来自彭博，彭博数据的字段代码及字段名称如附表D2.1所示。和境内债券一样，我们也排除了不完整的观察值。最终样本包含1 198个观察值（如附表D2.2所示）。

附表D2.1 中国海外企业债券的数据

字段名称	字段代码	数据源
发行额	No code required	彭博
货币	CRNCY	
母公司所在的国家	CNTRY_OF_RISK	
发行日	ISSUE_DT	
到期日	MATURITY	
到期日类型	MTY_TYP	
息票类型	CPN_TYP	
彭博行业代码：第一级别	BICS_LEVEL_1_NAME	
彭博行业代码：第二级别	BICS_LEVEL_2_NAME	
信用利差	OAS_SPREAD_BID	

---

[47] 由于一些债券有提前赎回或者回购条款，所以其到期日必须通过估计得到。

附表D2.2　　　　　　　　　　　中国境外企业债券：样本大小

行业/币种	美元	港币	其他	总和
制造业	113	14	19	146
公用事业	83	5	14	102
房地产	288	23	7	318
能源	195	13	19	227
非必需消费品	91	26	21	138
必需消费品	22	10	5	37
通信	40	2	—	42
健康医疗	12	3	1	16
材料	88	15	15	118
科技	39	14	1	54
总和	971	125	102	1 198

注：表中列出的行业分类是根据彭博划分的行业一级分类，与本报告中概述的七大行业分类不同。
资料来源：彭博与AMRO估计。

D3 银行贷款

整体银行贷款按行业的分布

银行业银行贷款按照行业分类的数据由银监会提供，其部门分类与证监会的行业分类大致相似。

五大行贷款的行业分布

中国五大商业银行分别是：中国工商银行、中国建设银行、中国农业银行、中国银行和中国交通银行。它们对各行业的贷款数据是从万得获得的，而万得的信息又是根据各银行的财务报表来编制的。五家银行财务报表中使用的行业分类基本相同，也与中国证监会基本一致。

中小银行的银行贷款

为估计中小银行对每个行业提供的贷款，我们用商业银行对各行业贷款额（银监会数据）减去五大银行的贷款额（财务报表数据）计算得出。

D4 影子银行

核心影子银行对每个行业的信贷

信托贷款的行业分布数据来自中国信托业协会，其行业分类标准与证监会分类标准大致相似。由于我们的重点仅在于向非金融企业贷款，因此我们在其行业分布数据中扣除其向金融行业的信贷。据此，我们估计出每个行业占信托贷款的百分比。

我们还假设整个核心影子银行业的行业分布的百分比与信贷贷款相同。由于中国信托业协会仅在2014年第3季度开始提供其细分的行业信贷数据，因此，我们又假设在2014年第3季度之前，各行业的信贷份额与2014年第3季度相同。这样，根据两个假设可以估算出核心影子银行在不同时期行业的百分比分布，同时根据中国人民银行提供的核心影子银行贷款总额（如附图D4.1所示），我们可以估计出各行业通过核心影子银行获得的信贷（如附图D4.2所示）。

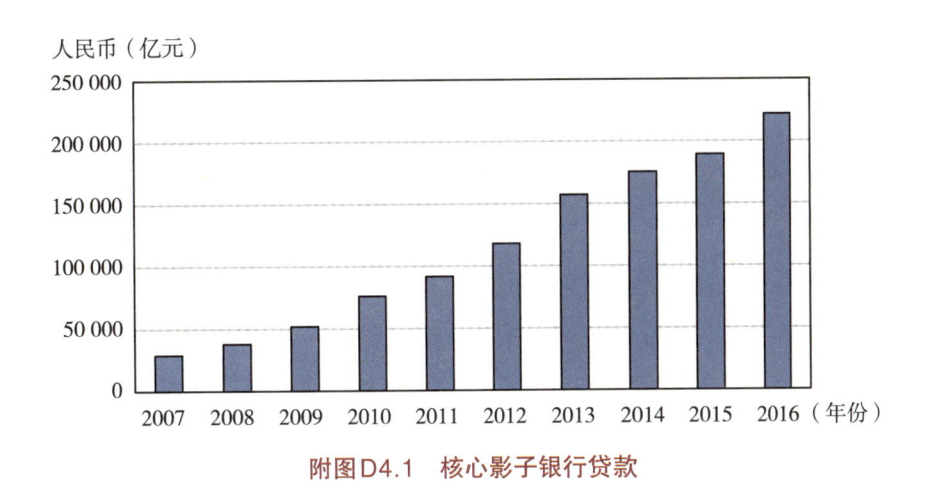

附图D4.1　核心影子银行贷款

资料来源：中国人民银行和AMRO估计。

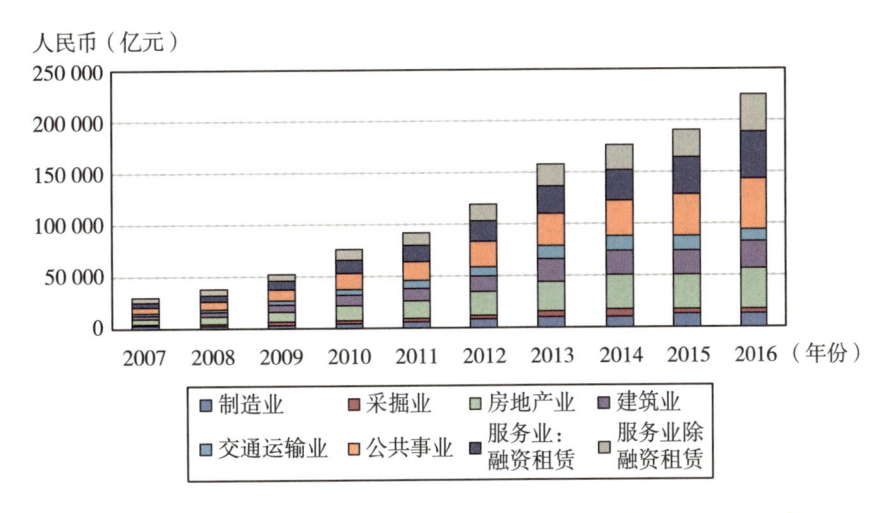

附图D4.2　核心影子银行贷款的行业分布

资料来源：中国人民银行、中国信托业协会和AMRO估计。

关于影子银行的其他信息

26家上市银行对影子银行产品的信贷（应收款与投资）信息，均来自其年度财务报表。理财产品数据从中国理财网（www.chinawealth.com.cn）获取。

附录E：企业层面的数据处理

E1 不同样本的摘要

附表E1.1　　不同来源的企业样本大小和其数据可用性

样本		中国上市企业	国家统计局数据（工业企业）	全球有评级的企业
样本大小	总数	2 124	383 148	2 017
	制造业	1 310	—	290
	钢铁业	32	101	26
	采掘业	67	—	425
	能源业	48（煤炭与油气）27（煤炭）	5 924（煤炭）	228**
	公共事业	188	1 766（水务）7 346（电）1 508（气）	173
	房地产业	130	—	75
	建筑业	60	80 911	38
	服务业	331	—	883
	其他	37	—	171
杠杆（的倒数）	资产与债务（有息债务）比率	√		√
	资产与总债务比率	√	√	√
运营效率	资产回报率	√		√
	毛利润率*	√	√	√
偿债能力	利息覆盖率	√	依靠估计	√
	息税前盈利与债务比率	√		√
现金储备	现金与总负债比率	√		√

注：*对于中国上市企业，利润率计算为毛利/收入。对于全球的企业，利润率为税前收入/收入。对于国家统计局样本，利润率由国家统计局的定义确定。

**煤炭企业只有两家为标准普尔BB级企业，因此，为增加观察值，所有标准普尔BB级能源企业都包含在我们的能源样本中。

E2 中国的上市企业

我们的样本包括在2010年底之前在中国大陆上市的企业，所以我们能够研究他们在2010～2016年的财务指标变化情况。我们从万得获取大部分财务信息，从彭博获得总债务和利息费用数据，再对万得和彭博的数据通过每个企业的ISIN代码进行合并（如附表E2.1所示）。

附表 E2.1　　　　　　　　　　　中国上市企业数据

字段名称	字段代码	数据源
证监会行业分类	s_info_industry_csrc12	万得
企业所有权（国企、私营等）	s_info_nature	
资产	s_stm07_bs(w45407132)	
短期负债	s_stm07_bs(w44562180)	
总负债	s_stm07_bs(w47401840)	
现金	s_stm07_bs(w47306417)	
息税前盈利	s_fa_ebit	
债务资产比率	s_fa_debttoassets	
应收账款	s_stm07_bs(w49136781)	
流动资产	s_stm07_bs(w43687060)	
资产回报率	s_fa_roa2	
收入	s_fa_or_ttm	
毛利润率	s_fa_ebit/ s_fa_or_ttm	
总债务（有息债务）	short_and_long_debt	彭博
利息支出	IS_INT_EXPENSE	

E3 标准普尔评级的全球企业

此样本包括所有由标准普尔评级、具有长期本币债务评级的企业。这是因为中国企业的债务大部分是以本币计价，同时长期评级也是更为稳定的一个参考。我们通过观察2008～2016年期间具有相同评级的企业的财务比率变化，来衡量影响全球同行业的周期性动态（如附表E3.1所示）。

附表 E3.1　　　　　　　　有标准普尔评级的全球企业数据

字段名称	字段代码	数据源
彭博行业代码：第一级别	INDUSTRY_SECTOR	彭博
按照GICS标准划分的行业分类	GICS_INDUSTRY_GROUP_NAME	
彭博行业代码：第二级别	INDUSTRY_SUBGROUP	
资产	BS_TOT_ASSET	
息税前盈利	EBIT	
总债务（有息债务）	SHORT_AND_LONG_TERM_DEBT	
资产回报率	RETURN_ON_ASSET	
营业利润率	OPER_MARGIN	
利息支出	IS_INT_EXPENSE	
债务资产比率	TOT_DEBT_TO_TOT_ASSET	
毛利润率	PROF_MARGIN	
总债务（含有息和无息债务）	BS_TOT_LIAB2	
现金与现金等价物	BS_CASH_NEAR_CASH_ITEM	
标准普尔长期评级，本币	RTG_SP_LT_LC_ISSUER_CREDIT	标准普尔

附录F：债务模拟模型和数据

F1 模型

参考陆婷与余永定（2016）文章，我们假设中国企业债务（D）的增长为投资额（I）的增长扣除其股本融资（X）和企业利润（Ω），用公式描述为：

$$dD/dt = I - X - \Omega \tag{1}$$

这里企业的股权融资为：

$$X = q \times PY \quad (q\text{是股权融资占名义GDP比率})$$

企业付息后的留存利润为：

$$\Omega = \omega \times PY - r \times D \quad (\omega\text{为利润率，}r\text{为利息})$$

我们将投资分解为由不同投资决策行为所驱动的"国有企业"和"私营企业"：

$$I = I_{soe} + I_{prv} \tag{2}$$

- "SOE"投资：政府增长目标具有很强的约束力（n）

$$I_{soe} = Z_{soe} \times [\upsilon \times n \times PY] \quad (Z_{soe}\text{为国企投资比率，}\upsilon\text{为资本产出率})$$

- "私人"投资：与政府增长目标有联系，但也同时考虑市场因素，如利率（r）和不确定因素（uc）

$$I_{prv} = (1 - Z_{soe}) \times [\upsilon \times n \times \exp(\alpha \cdot r + \delta \cdot uc) \times PY]$$

（α、δ 为投资对利率和投资不确定性的弹性）

结合公式（1）和（2），我们可以得到债务—GDP比率的关系：

$$\frac{d\left(\frac{D}{PY}\right)}{dt} \equiv \frac{d\beta}{dt} k_1 \times [\upsilon \times n \times \{z_{soe} + (1 - z_{soe}) \exp(\alpha \cdot r + \delta \cdot uc)\} - q - \omega + (r - n - \rho) \times \beta]$$

其中，k_1是将模型值与实际数据来进行拟合校准的比率因子。

我们的两企业类型（国有企业和非国有企业）模型使我们能够对各个部门的债务—产出比率进行各种模拟，其中包括通过改变若干政策变量以及不同的结构性环境来观察其对债务—产出比率的影响：

- 政策变量：增长率（n）、通胀率（ρ）、利率（r）
- 经济结构：资本效率（υ）、国有企业/私营企业份额（Z_{soe}）、盈利能力（ω）、投资决策由市场来驱动的程度（α，δ）
- 金融市场的发展：股权融资比率（q）

F2 数据说明

宏观和金融数据由官方来源获取

- 增长目标（n）：中国政府的增长目标
- 通货膨胀率（ρ）：CPI通货膨胀率
- 利率（r）：一年期名义贷款利率
- "国有企业"（Z_{soe}）的投资份额：国有企业占总固定资产投资的份额
- 股权融资：年度新增非金融企业股权融资

部分数据是在现有数据基础上估计的：

- 资本效率（υ）：Wu（2015）估计的资本存量与GDP比率
- 企业的盈利能力（ω）：使用万得数据列出企业的EBIT利润率
- 市场不确定性（uc）：每月上海股票市场收益的年化波动率
- 投资决策由市场驱动的程度（$a=-1.17, \delta=-0.19$）：投资对于利率和不确定性的弹性估计，由回归分析获得

附录G：债务模拟的补充说明

G1 各种增长和利率情景下的债务模拟

首先，为评估企业债务—GDP比率对增长目标的敏感性，我们用此模型在各种增长率情况下进行模拟，如附图G1.1所示，这些关于增长率的假设包括高、低增长率。模拟结果（如附图G1.2所示）表明，较高的增长目标可能会让债务—GDP比率更快地增长，这是因为在以增长目标为主导的投资结构下，债务将比GDP增长快得多。

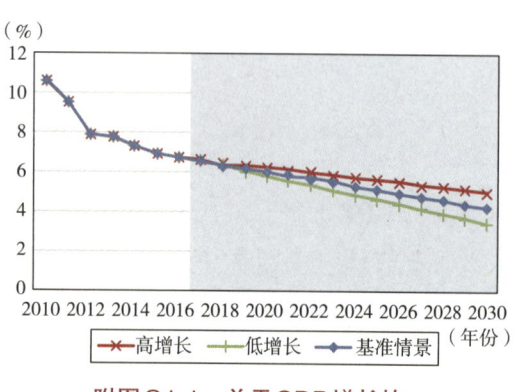

附图G1.1　关于GDP增长的各种假设

注：国有企业包括国有控股企业。
资料来源：国家统计局。

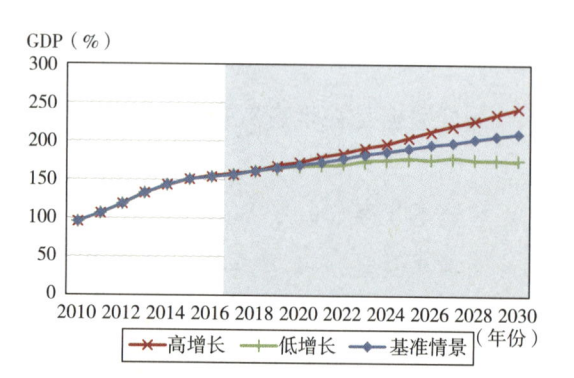

附图G1.2　各种GDP增长情景下的企业债务—GDP的模拟

注：国有企业包括国有控股企业。
资料来源：国家统计局。

其次，我们假设不同的利率环境，并用此模型进行模拟，结果（见附图G1.3）表明，较高的利率可能导致更高的债务—GDP比率（见附图G1.4），这是由于企业利率负担较高，削弱了收益并增加了对债务融资的依赖。

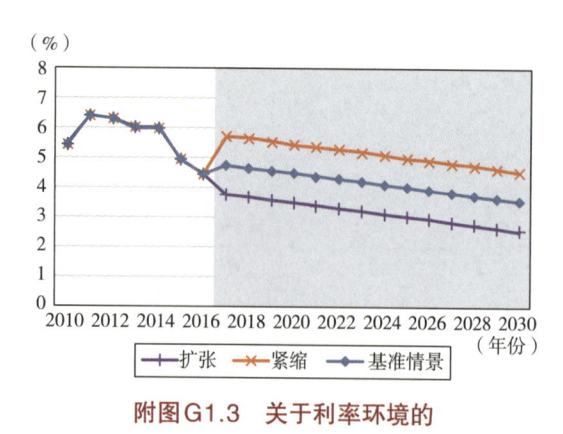

附图G1.3　关于利率环境的各种假设

注：国有企业包括国有控股企业。
资料来源：国家统计局。

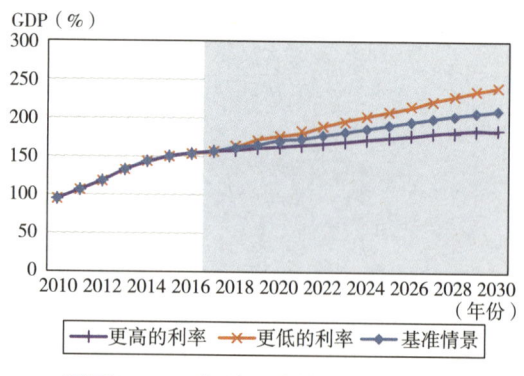

附图G1.4　各种利率情景下的企业债务—GDP的模拟

注：国有企业包括国有控股企业。
资料来源：国家统计局。

G2 国有企业和非国有企业的债务—产出模拟的关键参数假设

要进行国有企业和非国有企业债务—产出比率的模拟，我们需要进一步定义和描述两种类型的企业。关于这两类企业的盈利能力和股权融资比率，我们使用来自国家统计局和万得的数据进行估算。然而，由于这两个不同部门的数据比较有限，我们还需要对其他关键参数进行一些合理假设。例如，对于这两个部门，在资本—产出比率的数据缺失的情况下，我们假设国有企业和非国有企业的这个数据分别相当于整体的110%和90%。此外，为描述银行为国有企业提供优惠贷款利率的现象，我们对贷款利率按照借款者的所有权做了一些调整。附图G2.1总结了在基准情况下，对于不同所有权的企业，随着时间推移其关键参数的数值。值得注意的是，由于受到两个部门的数据的限制，我们的模拟结果精度可能会有更多的不确定性。

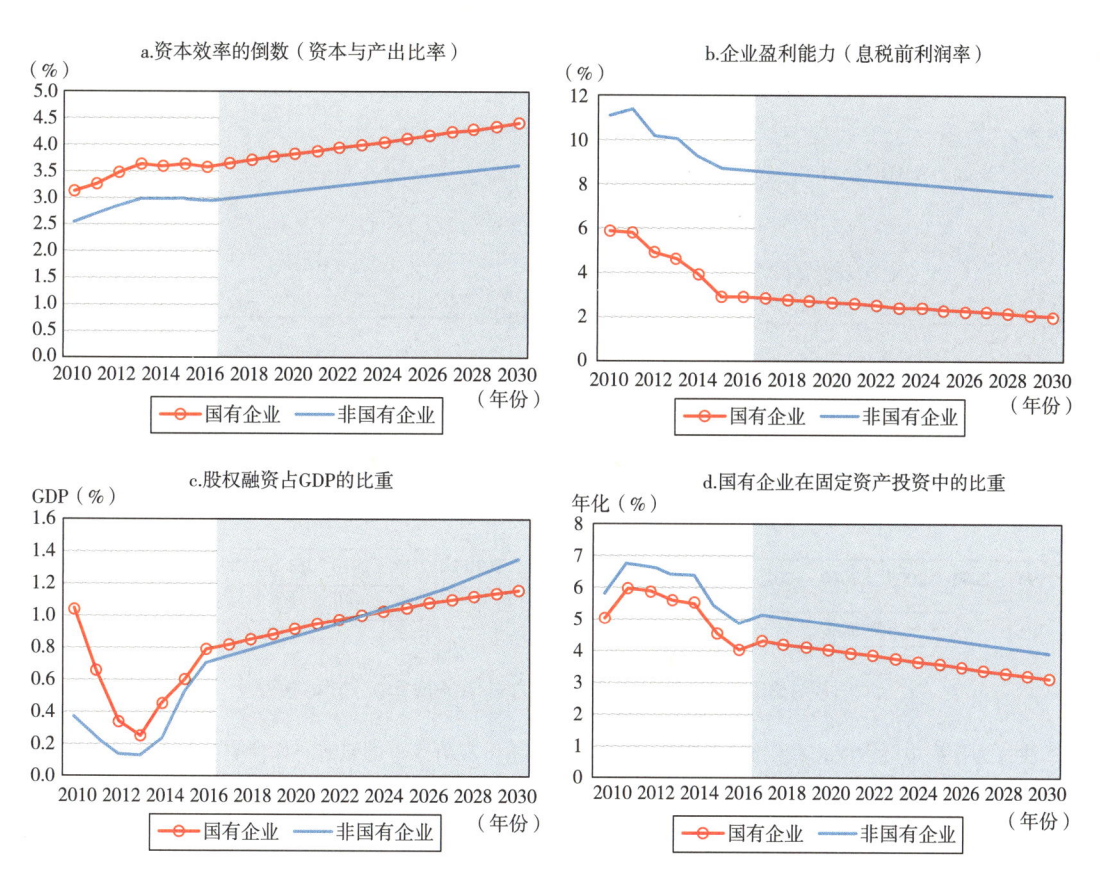

附图G2.1 基准情景下不同所有权的企业的关键参数

资料来源：AMRO估计。

G3 乐观的情景下关于债务比率的敏感性分析

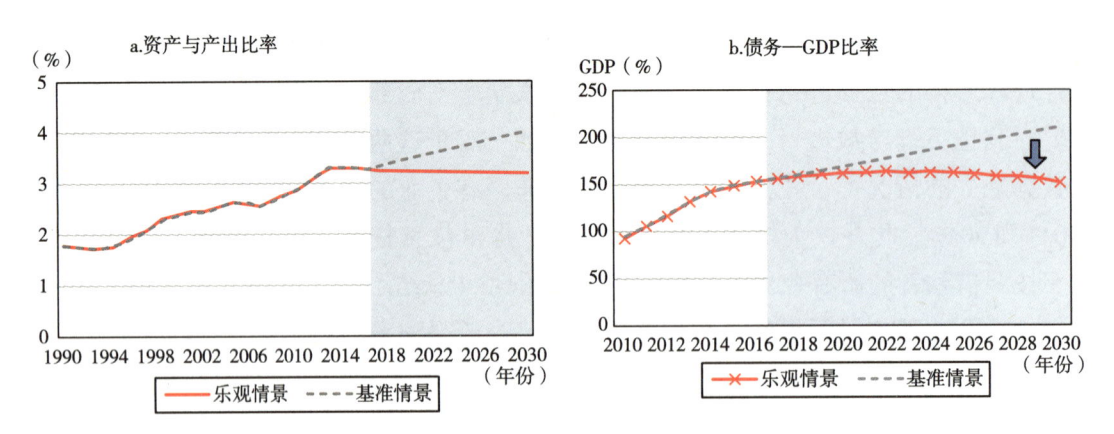

附图G3.1 提高资本效率对债务比率的边际效应

注：为计算边际效应，我们假设资本—产出比率遵循乐观情景下的轨迹，而所有其他参数值都遵循基准情景。

资料来源：AMRO估计。

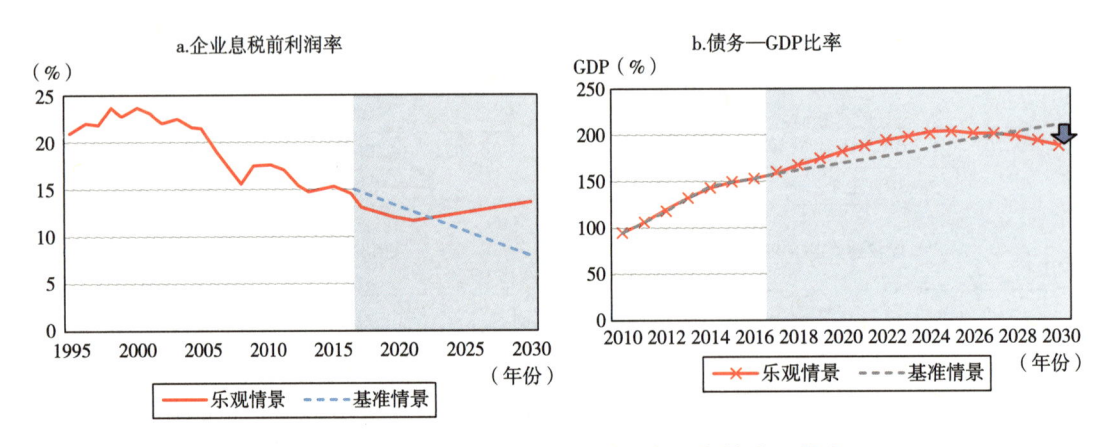

附图G3.2 提高企业盈利能力对债务比率的边际效应

注：为计算边际效应，我们假设资本—产出比率遵循乐观情景下的轨迹，而所有其他参数值都遵循基准情景。

资料来源：AMRO估计。

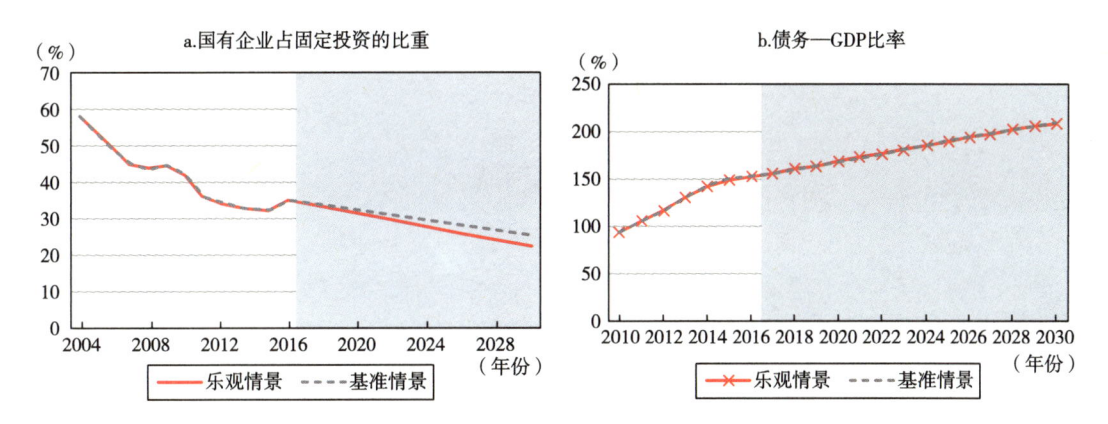

附图G3.3 国有企业降低投资对债务比率的边际效应

注：为计算边际效应，我们假设资本—产出比率遵循乐观情景下的轨迹，而所有其他参数值都遵循基准情景。

资料来源：AMRO估计。

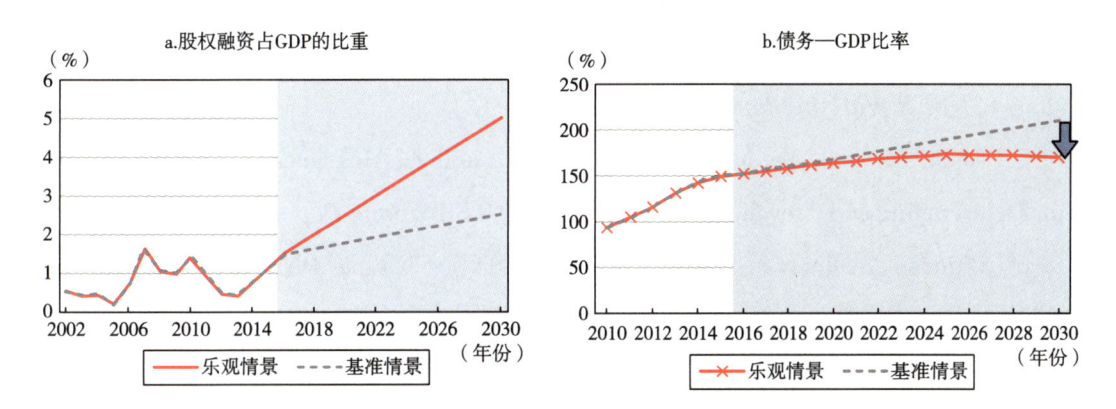

附图G3.4 增加股权融资对债务比率的边际效应

注：为计算边际效应，我们假设资本—产出比率遵循乐观情景下的轨迹，而所有其他参数值都遵循基准情景。

资料来源：AMRO估计。

参考文献

[1] Atradius Economic Research (2016), "A Closer Look at Corporate Debt in Emerging Market Economies", May 2016.

[2] Bai, CE., Hsieh, CT., and Song Z. (2016), "The Long Shadow of a Fiscal Expansion", Brookings Papers on Econmic Activity, September 2016.

[3] Bloomberg Intelligence (2016), "China's Choice: Capturing the $5 Trillion Productivity Opportunity".

[4] Chen, K., Ren, J. and T. Zha (2016), "What We Learn from China's Rising Shadow Banking: Exploring the Nexus of Monetary Tightening and Bank's Role in Entrusted Lending", *NBER Working Paper* 21890.

[5] Chen, S., Kim, M., Marijn, O., Kevin, W. and Z. Aleksandra (2015), "Private Sector Deleveraging and Growth Following Busts", *IMF Working Paper WP/15/35*.

[6] Chinese Academy of Social Sciences (2016), "China's National Balance Sheet 2015" (in Chinese).

[7] Chinese Banking Registration Center (2016), "Annual Report on China Wealth Management Markets" (in Chinese).

[8] Chivakul, M., and W. R. Lam (2015), "Assessing China's Corporate Sector Vulnerabilities" *IMF Working Paper WP/15/72*.

[9] Chow, J. (2015), "Stress Testing Corporate Balance Sheets in Emerging Economies". *IMF Working Paper WP/15/216*.

[10] Chua, H., and Lee J Y (2017), "China's Rising Wall of Savings". *Maybank Kim Eng*.

[11] Deutsche Bank (2017), "Chinese Banks, Financial Deleveraging Impact Series 3 – Mounting Capital Pressure", *Industry Update*, 1 May 2017.

[12] Financial Times Confidential Research (2016), "Preparing for the Storm amid Shadow Finance Calm".

[13] Huang, Z. (2016), "Research on the Characteristics, Risks and Supervision of Off-balance Sheet Business of China's Commercial Banks", *China Regulation Study (in Chinese)*.

［14］International Monetary Fund（2014），"Corporate Leverage in Asia: A Fault Line?"，*Regional Economic Outlook: Asia and Pacific.*

［15］International Monetary Fund（2016），"People's Republic of China: 2016 Article Ⅳ Country Report".

［16］International Monetary Fund（2016），"Potent Policies for a Successful Normalization"，*Global Financial Stability Report,* April 2016.

［17］McKinsey Global Institute（2016），"Credit to Non-Financial Sector Dataset".

［18］Morgan Stanley（2016），"China Economic Summer Outlook".

［19］Natixis（2016），"China's Corporate Leverage: The Tale of Beauty and the Beast"，*Special Report*, 6 May 2016.

［20］People's Bank of China（2016），"Evaluation of China's Economic Leverage and Potential Risks" *China Regulation Study（in Chinese）*.

［21］Poonpatpibul C., Tan A., Endo S., Tanuwidjaja E., Liu S., Li W., and Choo Edmond（2016），"Non-Financial Corporate Bond Financing in Foreign Currency: Trends and Risks in ASEAN+3 Emerging Economies"，AMRO Thematic Study.

［22］Standard Chartered Bank（2016），"China – Kicking the Debt Addiction"，*SC Global Research*, 24 May 2016.

［23］UBS（2016），"Shadow Loan Books, WMPs and an Rmb1trn Capital Hole"，*UBS Global Research*, 2 June 2016.

［24］Yu, Y. and T. Lu（2016），"China's Nonfinancial Corporate Debt Dynamics"，*China & World Economy*, Vol. 24, No. 1.

［25］Zhang, L.（2016），"Rebalancing in China – Progress and Prospects" *IMF Working Paper WP/16/183.*

［26］Zhang, W., Han, G., Ng, B. and S. Chan（2015），"Corporate Leverage in China: Why Has It Increased Fast in Recent Years and Where Do the Risks Lie?"，*HKMIR Working Paper No.10/2015.*

［27］Zhang, X（2017），"The Exploration of Macro-Prudential Policy in China"，*China Finance（in Chinese）*.